O CASAMENTO

Antes, Durante, Depois

Paulo Lins e Silva

O CASAMENTO

Antes, Durante, Depois

RELATOS DE UM
ADVOGADO DE FAMÍLIA

EDIÇÕES DE
Janeiro

RIO DE JANEIRO
2016

© 2016 desta edição, Edições de Janeiro
© 2016 Paulo Lins e Silva

Editores
JOSÉ LUIZ ALQUÉRES
DÊNIS RUBRA

Assistente editorial
RAVA VIEIRA

Copidesque
ELISABETH LISSOVSKY

Revisão
THADEU SANTOS

Projeto gráfico e capa
ANGELO ALLEVATO BOTTINO

Imagem de capa
GETTY IMAGES | ALEX CAO

CIP-BRASIL. CATALOGAÇÃO NA PUBLICAÇÃO
SINDICATO NACIONAL DOS EDITORES DE LIVROS, RJ

S582c

Silva, Paulo Lins e
O casamento : antes, durante, depois / Paulo Lins e Silva. - 1. ed. - Rio de Janeiro: Edições de Janeiro, 2016.

Inclui índice
ISBN 978-85-67854-91-5

1. Direito de família. I. Título.

16-31241
CDU: 347.6

Todos os direitos reservados e protegidos pela Lei 9.610, de 19.2.1998.
É proibida a reprodução total ou parcial sem a expressa anuência da editora e do autor.
Este livro foi revisado segundo o Acordo Ortográfico da Língua Portuguesa de 1990, em vigor no Brasil desde 2009.

EDIÇÕES DE JANEIRO
Rua da Glória, 344, sala 103
20241-180 | Rio de Janeiro, RJ
Tel.: +55 (21) 3988-0060
contato@edicoesdejaneiro.com.br
www.edicoesdejaneiro.com.br

ELABORAR UM LIVRO para os apaixonados pelo Direito de Família e também para leigos não é muito fácil. No entanto, como gosto de desafios, tentei e realizei a tarefa. Nada disso, contudo, teria sido concluído sem o sacrifício de minha família e da dra. Camila Noronha, que me deu o importante impulso inicial. Agradeço a todos que me emprestaram sua paciência, compreensão e toque científico para que fosse realizado esse meu sonho de edição do meu trabalho, "o mais humano de todos os direitos, o de família." *Manet Vitam.*

E o advogado há de ser um crente.
Crer no Direito e procurar sua afirmação.
Crer na Justiça e procurar sua realização.
Crer na moral e praticá-la.

— *Ruy Azambuja*

Sumário

Prefácio 13

1 *O Advogado, o Juiz e o Ministério Público de Família* 17

    1.1   Os deveres do advogado de família 26
    1.2   O juiz de família 27
    1.3   O Ministério Público (promotor de Justiça de Família) 32

2 *A Importância do Advogado de Família Antes do Casamento* 35

    2.1   Fases do namoro: sua história e evolução 40
    2.2   O *ficar*, a *saída* 45
    2.3   O noivado: suas solenidades e início dos deveres e obrigações 46
        2.3.1 O rompimento do noivado e suas consequências 46
    2.4   Os tabus se foram 50
        2.4.1 O acolhimento dos pais do namoro dos filhos em suas casas 52
    2.5   Namoro e união estável 52

- 2.6 Casamento ou união estável 56
- 2.7 Na prática, como se casa no civil e no religioso? 59
- 2.8 O processo de habilitação. A habilitação no exterior e sua regularização no Brasil 68

3 *Os Aspectos Legais do Casamento* 73

- 3.1 Legalidade do casamento (impedimentos) 76
- 3.2 Sucesso ou insucesso do casamento (questões culturais e econômicas) 80
- 3.3 A formalização da união estável (casar ou não casar?) 83
- 3.4 Pacto antenupcial 88

4 *A Importância do Advogado de Família Durante o Casamento* 93

- 4.1 Negócios entre cônjuges 96
- 4.2 Aquisição ou compra de novos bens 99
- 4.3 Mudança no regime de bens 100
- 4.4 As divergências mais comuns e eventuais discussões financeiras 103
- 4.5 O abandono da carreira pelo cônjuge mulher 105

5 *Filhos: Deveres, Relacionamento e Preparo Educacional* 107

- 5.1 O futuro da humanidade 110

6 *O Advogado de Família Após o Casamento e a União Estável* 113

    6.1 A separação de fato 117
    6.2 A intervenção de um psi – Analista, terapeuta ou psiquiatra 118
        6.2.1 A novidade da alienação parental e suas consequências 120
    6.3 Separação ou reconciliação? 125
    6.4 Definição – Divórcio ou dissolução da união estável? Em Juízo de Família ou em Cartório de Notas? 126
    6.5 O divórcio no exterior e sua regularização no Brasil e no Superior Tribunal de Justiça (STJ). A nova regra do Conselho nacional de Justiça (CNJ) 128
    6.6 Partilha de bens no casamento e na união estável 132

7 *Alimentos* 135

    7.1 Alimentos entre os cônjuges 139
    7.2 Alimentos entre os filhos 145
    7.3 Alimentos – Quando são chamados os avós (avoengos) 149
    7.4 Alimentos do prenascituro ou gravídicos 150
    7.5 Alimentos entre parentes 152

8 *Guarda e Visitação* 155

    8.1 Guarda compartilhada. Uma realidade ou uma utopia? 159

8.2 Critérios de visitação 162
8.3 Visitação de pais que residem em domicílios distintos, inclusive no exterior 165

9 *A Importância dos Avós na Família de Seus Filhos e Netos* 167

9.1 A adoção pelos avós 170

10 *As Modificações de Cláusulas no Divórcio e na Dissolução da União Estável* 173

11 *O Segundo, Terceiro Casamento ou a Nova União Estável* 179

12 *A Adoção pelo Padrasto ou Pai Afetivo* 183

13 *Testamento, Interdição e Planejamento Sucessório* 189

13.1 Testamento 191
13.2 Interdição 195
13.3 Planejamento sucessório 197
13.4 Morte do cônjuge ou do convivente 200
13.5 Sucessão do sobrevivente 202
13.6 Deserdação 204

14 *Conclusão* 207

Prefácio

PAULO LINS E SILVA é pioneiro e um desbravador da advocacia especializada em Direito de Família no Brasil. Algumas décadas atrás, quando ninguém pensava em advocacia especializada na área de família, o autor deste livro já estava lá. Sua coragem ajudou a abrir fronteiras para que outros assim o fizessem. Certamente, foi sua sensibilidade e dedicação a este ramo que possibilitou que tantos outros viéssemos a seguir esta trilha, valorizando o Direito de Família. Quando ele começou, essa especialidade ainda era considerada um ramo de menor importância, como se não merecesse uma atenção e dedicação maior dos advogados e também dos juristas.

Com as mudanças nas formas de se constituir família, especialmente a partir da Constituição da República de 1988, a família deixou de ser singular e passou a ser plural. Ou seja, o sistema jurídico brasileiro passou a admitir vários formatos familiares: do casamento tradicional aos mais inusitados formatos, passando pelas uniões estáveis hetero e homoafetivas, famílias monoparentais e anaparentais. Diante dessas novas estruturas conjugais e parentais, o sistema jurídico brasileiro viu-se obrigado a readequar suas leis, doutrina, jurisprudência e, principalmente, criar uma principiologia para atender a nova realidade. Consequentemente, a demanda das famílias aumentou. E, assim, a especialização em Direito de Família tornou-se uma necessidade. Obviamente quando se fala em Direito de Família, pressupõe-se também o seu complemento, ou desdobramento, que é o Direito das Sucessões.

Todas essas mudanças da família estão diretamente relacionadas à evolução do pensamento e aos movimentos sociais, dentre eles o feminismo, que deu à mulher um lugar de sujeito de direitos, além da psicanálise, que nos fez compreender que o sujeito de direito é também um sujeito desejante. E, assim, a partir do momento em que as pessoas passaram a se casar por amor, a família deixou de ser essencialmente um núcleo econômico e de reprodução e passou a ser espaço de afetividade. Mas o amor às vezes acaba. Surge o divórcio. E se acaba aqui pode recomeçar ali. E então surgem os recasamentos e novas formatações familiares: os meus, os seus e os nossos. São as famílias mosaicos, que exigem um repensar da organização jurídica. Afinal, partilha de bens e sucessão hereditária que envolve casamentos sucessivos e filhos de um e de outro casamento não é tão simples como era antigamente, quando não havia divórcio no Brasil.

Mas as questões da atual advocacia de família vão muito além de o divórcio e dissolução de união estável, que ficaram mais simples do ponto de vista jurídico, especialmente depois da Emenda Constitucional 66/2010 que simplificou o sistema de divórcio no Brasil. Hoje não há mais prazos para se divorciar, não há mais o "purgatório" da separação judicial e não se discute mais quem é o culpado pelo fim do casamento.

Em outras palavras, o Estado tem se afastado cada vez mais da vida privada e íntima do cidadão. Com as novas estruturas parentais e conjugais, obviamente, surgem novas demandas para o advogado da área de Família e Sucessões. As famílias ectogenéticas, isto é, aquelas constituídas com a ajuda técnica de reprodução assistida, demandam novas reflexões e novas regulamentações. As famílias que se constituem simultaneamente, mais conhecidas como concubinato, passa a ser uma realidade que o Direito não pode mais ignorar. Nas famílias parentais, o fenômeno de multiparentalidade tornou-se uma realidade. Hoje há pessoas que têm em sua certidão de nascimento o nome de uma mãe e dois pais, duas mães e um pai, duas mães e dois pais etc. E assim, essa ideia de que só podemos ter um pai e uma mãe já foi quebrado pela realidade jurídica, que se apoia em novas concepções.

O Direito de Família é o ramo do direito que mais sofreu alterações. Isto vem confirmar o que a antropologia e a psicanálise já disseram há muitos anos atrás: a família é muito mais um fenômeno da cultura do que da natureza. E assim, os costumes, como principal fonte do direito, vão obrigando os profissionais a adequar a realidade aos fatos jurídicos para bem traduzir a vida como ela é. Paulo Lins e Silva sempre soube disso e sempre se antecipou.

Com as redes sociais, o fenômeno da globalização se intensificou. Com isso as famílias ficaram mais internacionalizadas. E, assim, o Direito Internacional Privado ganhou grande importância. Afinal, que resposta daremos, por exemplo, a um brasileiro que se casa na França, tem filhos na Inglaterra e divorcia-se nos EUA? E isso cada vez mais comum diante das facilidades do mundo globalizado. Paulo Lins e Silva também é pioneiro e *expert* na solução destes conflitos internacionais. Afinal, por participar ativamente de sociedades a associações internacionais acabou tornando-se um advogado do mundo, já que é procurado por pessoas de vários continentes para resolver problemas do Direito de Família e Sucessões.

O livro de Paulo Lins e Silva atende aos leigos e também aos colegas do mundo jurídico. Ele vai de *a* a *z*. Dá dicas, fala de questões práticas e aplicação teórica à prática da advocacia. Todas as questões do universo jurídico específico e particular de família e sucessões estão aí. Desde as mais corriqueiras e do dia a dia, até as mais complexas e polêmicas. O autor é um advogado do nosso tempo.

RODRIGO DA CUNHA PEREIRA

Advogado, Presidente Nacional do Instituto Brasileiro
de Direito de Família (IBDFAM), Doutor (UFPR) e
Mestre (UFMG) em Direito Civil e autor de vários artigos
e livros em Direito de Família e Psicanálise.

Capítulo 1
— *O Advogado, o Juiz e o Ministério Público de Família*

PODERÍAMOS CONCEITUAR o *advogado de família* como o resultado da fusão dos comportamentos de um sacerdote, um terapeuta, um jurista e um árbitro conciliador.

Inicialmente, dentro de uma concepção conservadora, pretendeu-se caracterizar a figura do *advogado de família* como a de um homem exemplar, que exteriorizasse condições comportamentais excepcionais e retilíneas de acordo com a moral da sociedade em que estivesse inserido, tais como: ser bem casado e bom chefe de família, culto, praticante de uma religião, homem de poucos risos e sem qualquer jaça na sua vivência social. Hoje, tais concepções estão inteiramente ultrapassadas, não pesando esses aspectos mais como condição *sine qua non* para destacar-se nessa área. O necessário para o desempenho desta especialização é a vocação – que se traduz, em linhas apertadas e resumidas, na capacidade de diagnosticar o problema alheio sem se envolver emocionalmente, mas compreendendo os limites da emoção do cliente e, consequentemente, suas necessidades e reais vontades por trás do turbilhão de sentimentos que envolvem os problemas familiares.

Por esse motivo, somente homens calmos e pacientes, com capacidade de absorver ansiedades e angústias de seus consulentes, traduzir suas necessidades e, então, transmitir paz, segurança e tranquilidade, sem negligenciar a necessidade conjunta do bom respaldo terapêutico e analítico de profissionais afins, são dotados para o êxito desta maravilhosa, porém árdua e trabalhosa especialização.

O PRIMEIRO JULGADOR de qualquer causa ou ação de família é o advogado de família. Ele julga se o direito é bom ou se o direito é ruim, mas ele não penaliza, ele orienta. É como se você fosse minha/meu cliente. É muito difícil, mas eu consigo arrancar. O cliente senta e eu digo: "Para mim, isso não tem muita verdade. E tem que me contar a verdade. Não adianta mentir, ou a senhora vai sair daqui capenga. A senhora tem outra pessoa." E ela responde: "Não, o que o senhor pensa de mim, o senhor acha que eu sou uma vagabunda?". E eu digo: "Não, acho que a senhora é uma mulher bonita, inteligente, e que não é bem casada. A senhora tem outra pessoa." No final, ela abre o jogo e fala: "Tenho sim, tenho sim. Só eu sei, mais ninguém." Aí eu oriento: "Cuidado! Saia, mas com classe. Não exteriorize." Não adianta dizer: "Ah, porque ele é casado também." Eu digo: "Pior ainda. Já que você está me consultando, se ele disse que não vai se separar da mulher, então fica na sua. Eu não estou proibindo a senhora de sair, não. Pode sair, vai pro motel com ele. Pega um avião e vai pra Salvador, marca com ele lá. Vai pra Europa, se tiver dinheiro. Continua flertando numa boa.

Se o casamento não está bom em casa, vai fazendo isso."
Eu tenho aqui um caso assim, a mulher não abre o jogo.

Nossa literatura não está restrita à Ciência do Direito, mas abrange outros saberes nas ramificações científicas que cuidam do interior do ser humano.

Seria um tanto pedante uma ode enaltecendo esta *nova* especialização, mas é importante lembrar que a mesma remonta, em alguns aspectos históricos, à figura primitiva dos sábios filósofos, procurados, para apoio, pelas famílias de caldeus, persas, babilônios: Eram esses sábios que orientavam os povos com seus conselhos, que protagonizavam o núcleo de vital importância para a sociedade – as entidades familiares.

Família é a instituição mais importante da sociedade humana. Ela é muito mais importante que a propriedade, que o Estado. A família é o núcleo. Sem ela, você não faz propriedade, você não tem a regulamentação pelo Estado. Além de ser a mais importante, foi a primeira instituição naturalmente criada pelo homem, que posteriormente passou a, dentro do seu núcleo, criar outros, buscando parceiros com o consentimento ou escolha de seus pais, como até hoje se mantém em alguns pontos da Índia, do Japão e do Oriente Médio. Nesse momento da escolha, na fase primitiva, existe a necessidade de ser criado um lugar para esse novo núcleo familiar se constituir e se desenvolver. Nasce aí a segunda instituição, a propriedade, antes coletiva, e depois individual, quando o ser humano cria também o Estado como a instituição artificial que irá regrar as condições constitutivas da própria família, da propriedade e do próprio Estado. Este necessita de uma estrutura pacífica no seu povo, que é um somatório de famílias, para ter uma sobrevida harmônica e as condições essenciais para se manter. A família, portanto, como instituição, tem íntima ligação com o Estado.

É INTERESSANTE AFIRMARMOS que, numa forma de governo instável, com riscos de mudanças bruscas, revolução, golpes e desestabilização econômica, é comum que a família entre em crise e precipitem-se os reveses da harmonia conjugal, com o aumento considerável de separações e divórcios.

Recordo-me bem, na fase militar iniciada em 1964, que alguns militares não estavam preparados para compatibilizar suas funções político-militares com o seu *modus-vivendi* na família, e houve um número elevado de desquites e separações na época por tal fato desestabilizador. O volume de distúrbios nas famílias constituídas pelo casamento foi tão crescente que veio a se transformar num fator importante da consequência da instituição do divórcio em 1977, pois havia uma severidade grande no meio militar para a promoção na carreira e, ser casado, até mesmo mal casado, serviria mais que ser desquitado, o que acarretaria a preterição à natural promoção que o militar faria jus. Reparem que o divórcio veio a ser instituído na fase Ernesto Geisel, um chefe militar de Estado de credo evangélico luterano.

Em princípio, a família tem que ser preservada, devendo-se lutar por ela e não pelo seu desfazimento, em todos os sentidos, buscando-se na imaginação as condições harmônicas para sua estabilidade, mesmo que ocorra um fato inesperado em seu núcleo que possa trazer um eventual desequilíbrio.

TIVE UM CASO em que a mãe veio ao escritório com a filha, que tinha de 13 para 14 anos de idade, grávida do filho do porteiro do prédio. Minha formação é cristã, mas eu sou advogado, não sou *aborteiro*, eu não vou dizer que liquidem o caso de uma forma ilícita. De jeito nenhum! Eu falei: "Minha senhora, crie dentro da sua imaginação que a senhora vai ganhar um netinho prematuro, precoce. A senhora vai ser vovó precoce." Os pais vieram até a mim sozinhos e disseram: "Doutor, eu vou comprar uma fazenda pequena em Juiz de Fora e vou para lá com a minha mulher tirar uma espécie de ano sabático e vou levar a minha filha. De lá, vou ligar para os meus amigos e dizer 'Temos novidades. A Marta engravidou'." (Marta é a mulher dele.) Quando a filha de vocês der à luz, vocês adotem, como se fosse um filho legítimo de vocês. Registrem a criança como se tivesse sido gerada por vocês. Genial. Ótimo. Conversamos e chegamos a essa conclusão. Resultado: foram para Minas e a criança nasceu lá.

A minha grande emoção foi que, uns dez anos depois, recebi no escritório um convite do casamento da menina, já com 24/25 anos. Atendi ao convite e fui às bodas. E, quando cumprimentava os pais, meus clientes, eles me mostraram a criança que era fruto dos dois. Eu fiquei com os olhos cheios de lágrimas. Que beleza!

Não precisamos ser sábios ou filósofos para dar conselhos, mas não podemos nos afastar da leitura e da atualização do Direito de Família e das ciências que estudam o interior humano para que nossa atividade seja proveitosa às pessoas que nos mobilizam.

Muitas vezes somos criticados no sentido de que nossa especialização abrange um conhecimento restrito do direito, quando é justamente o oposto, pois necessitamos ter bons conhecimentos de todas as outras áreas para pontuar e resolver os problemas que afligem as estruturas familiares: de Direito Comercial e Societário, quando nos envolvemos com arrolamento de bens de sociedades comerciais e partilha de patrimônio acionário. De Direito das Coisas[1], quando temos que apreciar as comunicações de aquestos[2] nos mais diversificados bens, inclusive nos semoventes.[3] Direito das Sucessões,[4] quando matérias atingindo hoje o novo instituto das uniões estáveis nos mobilizam para um parecer ou definição do título de uma companheira para sua respectiva habilitação nos inventários dos bens deixados por seu finado consorte.

1 Direito relativo aos bens.
2 Aquestos são os bens do casal adquiridos durante o casamento.
3 Semoventes são o rebanho, o gado, os cavalos.
4 Direito referente à transmissão de bens em razão de falecimento de alguém.

Não somos fechados em nossa cultura do direito. Pelo contrário. Por ser, como digo, "o mais humano de todos os Direitos", o Direito de Família obriga o profissional a estar sempre atualizado, não somente com as regras internas envolvendo esse campo específico, como também no Direito Comparado, notadamente, com os problemas envolvendo parte residente em outro país ou com nacionalidade diversa.

Essa é a real característica do advogado que se envereda por tal ramificação, devendo estar sempre com os livros inerentes à permanente atualização do Direito, notadamente quando o Direito de Família não pode ficar estático, estando em constante evolução, ou melhor, ebulição, acompanhando as alterações na sociedade.

Somos os depositários das confidências de nossos clientes, ouvindo segredos que sequer revelam para seus psis, parentes, amigos ou religiosos. Essa intimidade obriga o profissional a ser muito contido, para evitar um passo a mais num eventual envolvimento afetivo com a parte cliente, esbarrando num sério risco ético. Por mais que se tente depois apagar esse contato, por incrível que pareça, a sociedade é muito audível e tudo se sabe, vindo essa notícia a prejudicar o conceito profissional do advogado.

A família, como já disse, é a mais importante instituição da sociedade humana. Ela é um fator natural e dela partiu o homem para a criação da propriedade e do Estado. É, portanto, o advogado de família um responsável pela estruturação dessa instituição e fator de equilíbrio na sociedade em que vive.

Não temos férias, fins de semana, e raros são os dias que temos horas ou minutos para a convivência salutar com a nossa própria família. O telefone celular, os e-mails, as mensagens, não importa a nomenclatura, são fatores de mais tensão no nosso dia a dia profissional.

Nas próximas linhas iremos fazer um estudo da importância da figura do advogado de família e de sua atuação profissional antes, durante e depois do casamento, com extensões no falecimento, na constituição da nova família, nas relações de afeto entre integrantes de casamentos anteriores desfeitos.

1.1 OS DEVERES DO ADVOGADO DE FAMÍLIA

- Ouvir com muita paciência o cliente.
- Tentar acima de tudo a conciliação, buscando inclusive o auxílio dos cientistas afins e a colaboração do advogado adverso.
- Afastar-se do sentido beligerante.
- Evitar o envolvimento social, afetivo e externo com o cliente, inclusive no aspecto comercial e de negócios.
- Jamais advogar em causa própria.
- Jamais se oferecer como instrumento de simulação ao cliente.
- Esclarecer os motivos mais frequentes que levam às separações e atritos das partes nessas fases.
- Valorizar a palavra nas relações com os outros colegas especialistas.
- Auxiliar sempre o Poder Judiciário, mesmo revelando atos que possam contribuir para a finalização de litígios.

1.2 O JUIZ DE FAMÍLIA

Nesses mais de cinquenta anos dedicados ao Direito de Família, o mais humano de todos os direitos, posso fazer uma análise do desempenho de um bom, médio ou péssimo magistrado de família. O campo dessa especialização não pode ficar escravo nem restrito aos termos da legislação vigente, pois os costumes jurídicos, as jurisprudências e os fatos envolvendo as relações familiares estão sendo modificados diariamente.

O que importa a um juiz de família é sua vocação para o desempenho dessa sublime, por que não, divina função social. Ele tem que se compenetrar no seu alcance social como magistrado e procurar, na sua prestação jurisdicional, não ser um magistrado burocrático. Ele tem que ouvir os advogados e as partes, algumas vezes impertinentes ou exageradamente prolixos, ouvir até que os desabafos, as angústias se esgotem, para que, chegado o momento, ele possa fazer uso de seu instintivo poder de convencimento.

Uma decisão rápida e imediata somente pode e deve ser proferida quando a matéria envolver uma urgência incomum e quando houver a possibilidade de riscos iminentes com alcance de irreparabilidade. Em juízos de família, esses aspectos são comuns, exigindo um dom especial do juiz para realizar sua análise prévia sem se deixar envolver pela emoção, seja da parte seja do próprio advogado. O magistrado, contudo, não deve se omitir nesses casos, deve decidir e, como sempre digo, mal ou bem, DECIDIR, pois o mais grave é a omissão ou o retardamento na conclusão da exibição formal de sua convicção. O juiz omisso causa um mal à sociedade, prorroga a angústia das partes envolvidas, que pode incluir crianças que estão sendo objeto de disputa e apreciação de seus direitos diretos ou em relação a seus pais ou familiares. O dano da omissão é irreparável e pode trazer consequências com cicatrizes profundas e inesquecíveis para as partes envolvidas.

Mesmo não decidindo de plano matéria, que assim não exige, não se deve alongar a definição do litígio. Outras instâncias serão merecedoras da apreciação daquele mérito que foi objeto do estudo e final decisão do magistrado.

Outro aspecto que considero de muita importância é a "porta aberta", ou seja, no linguajar dos que militam no dia a dia forense, ouvir os advogados que lá estão acompanhando o andamento dos processos, seja para as suas tramitações processuais com a observação das naturais burocracias, ou nos casos mais evidentes dos litígios. O profissional pode estar inteiramente ausente da realidade do assunto, do mérito ou do que se discute no processo em questão, mas ouvir por alguns instantes as suas argumentações, por mais tendenciosas que possam ser, poderá contribuir com algum mínimo ponto na formação de sua convicção. Ser um magistrado de "porta aberta" é muito importante para o exercício da função. Recordo-me de um juiz de família que foi marcante quando titular da 5ª Vara de Família, o saudoso Luís Murillo Fábregas da Costa, que me dizia sempre aprender muito com o advogado e buscar em seus diálogos ir formando as linhas de suas decisões interlocutórias ou mesmo finais. Ele mesmo dizia que não estava atado às leis, que são estáticas, mas sim ao direito, que é dinâmico. Autor de *Como exercer a Advocacia de Família*, foi um exemplar juiz de família nas décadas de 1970–1980.

Volto a repetir que o ponto mais importante para o exercício da magistratura de família é a vocação. Recordo-me, quando da fusão dos estados do Rio de Janeiro e da Guanabara, que o Tribunal não possuía um critério definido para a escolha e designação de magistrados para a atuação nos Juízos de Família, quando das férias de um juiz titular. Cheguei a ouvir por vezes de um magistrado que não entendia estar lá sentado o dia inteiro ouvindo *fofocas* e *disse me disse* de maridos, mulheres e testemunhas de seus vizinhos. Não gostava daquilo, que muito o irritava. Hoje os critérios são mais rigorosos e raramente se designa um juiz de família que não tenha amor ou afinidade para esse campo sensível.

Da mesma forma que criei uma espécie de decálogo do advogado de família, poderia também buscar alguns pontos comuns ou mesmo originais e subjetivos para o exercício ideal da função do magistrado de família.

NA MINHA OPINIÃO, seria muito interessante, dentro do que idealizo para um bom juiz de família:

- Ter paciência com as partes para tentar a reconciliação ou uma conciliação finalizando um acordo.
- Decidir com sua consciência, mal, bem ou razoável, mas decidir. O tempo martiriza as partes numa contenda.
- Atender e ouvir os advogados que contribuem de forma direta para a decisão.
- Não ofender, intimidar ou ameaçar as partes ou os advogados, usando de seu poder.

- Quando o clima estiver muito atritado, em caráter excepcional, ouvir as partes sozinhas, sem os seus patronos, e tentar, de forma ponderada e conciliadora, buscar um consenso a ser analisado depois por seus advogados. Muitas vezes, a segurança excessiva das partes e seus patronos dificulta a concretização de um acordo.
- Procurar em prol do Direito de Família criar e atualizar seus princípios e não ficar restrito ao texto da lei.
- Seguir os princípios de que a lei é estática e o direito é dinâmico, buscando assim o bom e atual direito, e prestando uma função mais humanitária.

Numa pesquisa que fiz num blog da internet, deparei-me com anotações de uma juíza de família, dra. Maria Aglaé Tedesco Villardo[5] que, após seus vinte anos de experiência como magistrada, expôs alguns detalhes sobre como "ser juiz de família".

Ser juiz de família é deixar as partes falarem, falarem e contarem a sua história e ainda dizerem algumas verdades, um para o outro e depois ver as partes fazendo um acordo.

Ser juiz de família é ter certeza de que o autor tem razão até que o réu fale para que se possa ter certeza de que a razão está com o réu.

5 VILLARDO, Maria Aglaé Tedesco. "Direitos das Famílias – Ser juiz de família – Aos novos juízes do TJRJ-2014".

Ser juiz de família é ouvir o autor com oitenta anos te chamar de moça.

Ser juiz de família é ouvir o advogado e ficar convencido do que está dizendo e, na hora de dar a sentença, ver que a prova diz exatamente o contrário, mas o advogado falou tão bem que dá até pena de não conceder o pedido dele.

Ser juiz de família é ficar feliz de ouvir uma testemunha que esclarece todas as suas dúvidas.

Ser juiz de família é aprender a não falar alto com ninguém.

Ser juiz de família é perguntar se os sorrisos entre a autora e o réu significam que estão voltando a viver juntos.

Ser juiz de família é decretar a prisão do pai que não pagou a pensão alimentícia e ouvir a mãe pedir para o juiz soltar porque ele não tem condições de pagar.

Ser juiz de família é sentir, a cada história de família, a mesma emoção que sentia quando ouviu as primeiras histórias, há vinte anos.

Ser juiz de família é ter vontade de abraçar a parte e dizer que tudo vai passar.

1.3 O MINISTÉRIO PÚBLICO (PROMOTOR DE JUSTIÇA DE FAMÍLIA)

Ainda sou da época em que se denominava curador de família a figura do Ministério Público que atuava nos Juízos de Família. Ele exercia uma função prévia às audiências, como um verdadeiro conciliador, visando que o magistrado só se pronunciasse quando não tinha sido possível a concretização de um acordo entre as partes ou para homologá-lo. Não existia nessa fase a instituição da Defensoria Pública, exercendo tal *múnus* o próprio membro do Ministério Público, atuando também como defensor de partes.

A função do Ministério Público, hoje, nos Juízos de Família é muito importante, notadamente quando envolve o interesse de menores em suas disputas por seus genitores ou terceiros. Sua participação também é essencial nas ações de investigação de paternidade, quando existe o envolvimento de menor na condição de investigante, o mesmo ocorrendo nas ações envolvendo guarda, regulamentação de visitas, alimentos, destituição de poder familiar e outros aspectos do interesse de menores de idade. Até mesmo num simples divórcio consensual de um casal com filhos menores, é o Ministério Público que avalia as condições acertadas pelos pais.

O promotor de Justiça, por sua vez, age como um verdadeiro fiscal da lei, um representante da Justiça e da sociedade, devendo se comportar sempre à altura desse áureo mandato. O fato de ser um fiscal da lei não pode ser um instrumento da criação ou do incentivo de empecilhos burocráticos para se fazer cumprir a lei à sua maneira. Ele tem que estar consciente de sua imparcialidade no exercício de seu também divino *múnus* de proteger a sociedade.

Recordo-me de fases em que, como advogado, tinha problemas permanentes com alguns integrantes do Ministério Público, que buscavam, em cada processo dos Juízos de Família, alguma exigência para evitar a sua finalização ou a concretização da vontade das partes. Lutavam as partes e muitas vezes o magistrado para se conseguir finalizar um litígio que já durava anos nas jurisdições de família e a intransigência se dava por motivos simples que não levavam ao sentido de proteção, seja da sociedade ou da fiscalização aplicativa da lei. O então curador de família, como denominávamos, se envolvia com o problema nos mínimos detalhes do conseguido, com sacrifício, pelas partes, advogados e magistrado, e tornava inviável a homologação daquele acordo, chegando muitas vezes a recorrer dessa decisão para os Tribunais Superiores.

Com o tempo, houve uma radical mudança no desempenho de suas funções nos Juízos Especializados de Família, passando o promotor de justiça a ter uma atuação elogiável, em que, em sua função social, orientava as partes das virtudes e benefícios de um bom acordo, auxiliando dessa forma a prestação jurisdicional do juiz de família, se fazendo figura ímpar e precisa em sua atuação nas Varas de Família.

Vivi muito esses três períodos, o primeiro, quando funcionava como fiscal da lei e como defensor, depois, com o alcance de muito exigir nos detalhes transcritos da volição das partes na redação dos acordos e, finalmente, quando passou, como hoje vemos, a ser uma instituição importante na colaboração do desenvolvimento social das famílias nessa fase de instabilidades, nesse momento de dor no desfazimento de um núcleo familiar. Nesses momentos de drama, o papel do promotor de justiça tem que ser eminentemente dinâmico e objetivo. Assim, haverá uma atuação importante e de grande alcance social.

O representante do Ministério Público, ou o promotor de justiça, deve, nas duas oportunidades de sua atuação nos Juízos de Família, ser objetivo em seus úteis e necessários pareceres, contribuindo assim para a celeridade do Poder Judiciário.

DENTRO DA EXPERIÊNCIA que dista mais de meio século, poderia inclusive criar alguns pontos para uma sugestão isenta na atuação do chamado *Parquet* (Ministério Público) em suas atuações nos Juízos de Família, como:

- Não criar exigências para serem cumpridas quando a razoabilidade do aceito e acordado pelas partes pode solucionar o momento de angústia vivenciado.
- Fiscalizar a aplicação da lei, mas não ficar a ela restrito, procurando sempre atualizar os seus pareceres no permanente desenvolvimento do Direito.
- No seu parecer, buscar o interesse da aplicação local social da lei e não o aspecto nacional ou global para o qual a norma foi criada. O alcance genérico muitas vezes prejudica o interesse específico de uma sociedade.
- Criar ou inovar no campo do interesse social é sempre mais importante que se ater ao texto da lei, muitas vezes ultrapassado e obsoleto.
- Ser cortês com as partes, guardando para si a sua importância de atuação na sociedade.

Capítulo 2

— *A Importância do Advogado de Família Antes do Casamento*

NÃO PRECISAMOS EXAGERAR a ponto de impor, desde o início de um namoro, a necessidade da consulta a um advogado especializado, valendo até lembrar que, quando da legitimação da união estável, um determinado advogado chegou a aconselhar que toda pessoa, ao sair com alguém, deveria ter a cópia de um recibo no bolso e sugerir ao seu acompanhante que o firmasse, exonerando-o de qualquer responsabilidade e compromisso decorrentes daquela *saída*.

MAS, DE TODA a forma, se uma série de saídas se consolida, transformando-se em namoro, passando a ser duradouro, já se prenuncia a possibilidade de se buscar uma orientação de um advogado de família, pois essas relações afetivas, mesmo simples, podem estar se consolidando numa estabilidade e, como a própria lei prevê, com a exteriorização de seriedade de um status de família podem advir vínculos de mais seriedade afetiva e material entre ambos.

O advogado de família tende a atuar muito no pré-casamento, que é o momento exato no qual a pessoa se torna sujeito de uma frase que ouvia de meu pai: "Todo apaixonado deve ser interditado."

PORQUE VOCÊ, com a paixão, com a cegueira por uma mulher ou por um homem, você perde a cabeça; você acaba fazendo besteira, se afastando do seu bom senso, e acaba se prejudicando. A razão, dominada pela paixão, faz você perder o equilíbrio. É muito importante, então, não ouvir muita gente. Converse com uma pessoa em quem você confie, ou um advogado, e pergunte: olhe, eu estou me envolvendo com uma pessoa, nós estamos saindo, e eu tenho uma cultura maravilhosa, eu adoro música, adoro literatura, eu leio, e ele não, ele é um atleta, gosta de esporte, físico, vive na academia, vive fazendo musculação... Eu vou conversar com ele e falo "Você soube do Paulo Coelho?" E ele pergunta: "Quem é Paulo Coelho? De onde ele é? De qual academia ele é?" "Da Academia Brasileira de Letras." E ele diz "Ah, não, pensei que fosse da academia de ginástica x". Mas ele é bonito, lindo, espetacular, carinhoso.

Avaliar um homem ou uma mulher somente pela parte física, pela parte exterior, não implica um bom casamento.

Por isso que o advogado de família tem que atuar também no pré, no durante e no depois, como falo neste livro, porque ele, antes de tudo, é um conselheiro.

No momento da paixão, da alucinação, por que você não pega um avião, ou um ônibus, ou o seu carro, e passa quinze dias fora? Finge que perdeu o telefone celular; vai sem celular. E tenta com isso ver se a saudade brota. Se essa saudade é física, se a saudade é afetiva, se a saudade tocou o seu coração e se é isso mesmo que você quer. Se achou quinze dias pouco, fica um mês. Veja qual vai ser o comportamento do seu ego no retorno, na visualização da pessoa que você ama. E outra coisa: nunca se afaste do seu conselheiro, o advogado de família. Ele conhece, ele é um *expert*, ele está ali dentro, vai saber lhe dizer: "O caso sou eu que vou resolver, ou o caso é para um psi", como falarei adiante.

A sua decisão final pró-casamento não pode ser tomada de forma unilateral e rápida. Não é conversando com todo mundo e perguntando o que os outros acham de você se casar. Não é isso. Mas é falando com um grande amigo, com o seu terapeuta, com o seu advogado. Porque, na hora de dar esse passo, você tem um momento muito importante antes do casamento, em que você vai dizer o "sim" ou o "não". Porque o "sim", quando se diz, não pode ser para poucos dias nem para poucos meses, como se diz para uma ficada ou para uma saída. O "sim" é muito representativo. No casamento vai se constituir uma família, uma família é para sempre e é coisa séria.

A CONSTITUIÇÃO FAMILIAR advinda do matrimônio é momento de extrema importância para os nubentes e seus familiares e, por isso, quando pensada e planejada, levando em consideração todos os vetores dela advindos – positivos e negativos, pode evitar enormes problemas futuros. De tal modo que, antes de se consumar o casamento, é essencial que o casal consulte um advogado especializado na área de família, que irá avaliar a viabilidade do matrimônio, além de aconselhar, dentre outras questões, o melhor regime de bens para o casal.

Os nubentes estão em fase de paixão, deixando de lado, como disse, a racionalidade, necessitando mais do que nunca do apoio e da orientação de alguém que está fora do alcance de seus parentes próximos, para uma diretriz de vida.

Quantos se envolvem em golpes premeditados por interesses meramente materiais de terceiros? Ou mesmo um *upgrade* social? Quantos não conhecem a fundo a vida do outro nubente, que teve domicílio noutra cidade ou num estado distante ou mesmo na cultura de outro país? O nível cultural, social, religioso, econômico e financeiro, ético e moral são fatores importantes na montagem de um planejamento sólido de um casamento, seja de jovens como de pessoas amadurecidas, numa nova tentativa de união após um casamento frustrado.

É nesse momento que atua o advogado de família, com a sua intervenção consistente e objetiva antes da realização do ato formal do casamento, aliás, o ato jurídico mais formal de todos, denominado *solemne ad solemnitaten*.

2.1 FASES DO NAMORO: SUA HISTÓRIA E EVOLUÇÃO

O que seriam as fases do namoro? Seria o conhecimento? Como duas pessoas que não se conheciam, ou apenas sabiam que um e o outro existiam, mas em mundos diferentes, acabam se encontrando, saindo e iniciando um namoro? E por que é importante falar do lado histórico disso? Aqui no Brasil houve a fase colonial, a fase imperial, a fase republicana depois do início do século xx, mas como era a nossa cultura? Era totalmente ibérica. Portugal e Espanha são países extremamente conservadores, e os namoros que conhecíamos eram os namoros distantes. Havia até as famosas cadeiras chamadas namoradeiras, que se compra hoje em antiquários, onde o namorado ficava num canto, a namorada no outro canto, e no meio ficava a babá, ou a empregada, uma mucama, um parente, para ouvir o que eles estavam falando e para evitar que tivessem qualquer contato.

Então, tivemos no Brasil um início muito conservador nesse aspecto do casamento, a tal ponto que a legislação brasileira, no código civil de 1916, foi extremamente conservadora e patriarcal, eu diria até machista, pois dava ao homem o direito de tomar a iniciativa de requerer uma anulação de casamento quando comprovasse que a mulher não era virgem, denunciando-a na noite de núpcias. E tinha outros aspectos de potencialidade no casamento à figura masculina, à figura do homem. Isso foi evoluindo. A mulher, a menina, era educada em colégios geralmente religiosos, onde aprendia, além de francês, inglês, português, geografia e história, também corte e costura, culinária, cuidados com a casa, etiqueta e modos de postura. Portanto, a mulher sempre foi, dentro da cultura ibérica, preparada e criada para assumir uma condição de mãe e de dona de casa. E quando ela se casava, sexo era novidade, tendo pela frente um homem que frequentava prostíbulos, casas noturnas e as chamadas *casas de tolerância*, locais para encontros sexuais furtivos, conhecidas até a metade do século XX como *rendez-vous*, pois, ao que parece, a dona de uma dessas casas era francesa.

Nessa fase da década de 1930, 1940 e mesmo no início dos anos 1950, exigia-se nas circunscrições civis, onde se iniciava o processo de habilitação de casamento, que o homem fizesse um exame de sífilis, para ver se ele era portador dessa doença sexualmente transmissível e tão comum na época da Segunda Guerra Mundial. Muitos pais de moças advindas de famílias muito conservadoras exigiam os exames pré-nupciais, era a ocasião em que o homem também pedia para que a menina fosse ao ginecologista, para ver se era virgem. Na atualidade, são raros os casais que se preocupam com tais coisas, mas ainda existem os que exigem esses exames para comprovar que não estão contaminados pelo HIV ou outra doença sexualmente transmissível, ou para terem conhecimento de algum fator preexistente que resultaria em infertilidade dele ou dela e impediria a procriação.

Na primeira metade do século XX, o namoro começava dessa forma: à distância e marcado pela escolha. Ou seja, os pais é que escolhiam os parceiros dos filhos e das filhas. Nas famílias rurais, por exemplo, se um fazendeiro, pai de um rapaz, tivesse interesse em abrir as cercas da sua propriedade e unir o seu poderio rural com o vizinho, e este tivesse uma filha, com doze, treze anos de idade, eles firmavam o *negócio*: o jovem de quinze, dezesseis, dezessete anos casava com a menina, e uniam as duas famílias. Tudo sempre dentro desse extremo rigor, desse lado moral, ético e machista. E sempre com a ideia de que sexo era proibido, era pecado mortal. Era o que se ouvia no ensino religioso nos colégios de freiras e de padres.

Um dito comum nessa época era que quem sujava a casa era primo e pombo. Pois, na amizade entre os primos, ocorria, em algumas famílias, um avanço no aspecto sexual, com a curiosidade e a proximidade levando a intimidades e até mesmo ao defloramento da jovem pelo mais experiente numa simples aventura escondida. Os pombos tinham sua participação na sujeira da casa, dos jardins e dos recantos próximos da sede, do casario, na acepção restrita da palavra.

Isso, claro, foi evoluindo aos poucos. Eu ainda sou de uma época em que namoro era andar de mão dada, ir ao cinema assistir a um filme. No máximo, um beijinho no rosto. De sexo não se falava, não se comentava. Beijo na boca era quase noivado, já estava próximo ao casamento. Se um rapaz colocasse a mão no ombro de uma moça, ela jogava o ombro para cima para tirar a mão do rapaz dali. Havia um pavor de que a menina se entregasse ao namorado ou ao noivo, verbalizado na expressão: "Eu me perdi", que significava que ela tinha feito sexo com alguém. Eu me lembro de, muitas vezes, ter atendido pessoas ou ouvido alguém falar: "A fulana se perdeu muito cedo", o que significava que ela tinha feito sexo com doze, treze ou quatorze anos de idade. Ou, ainda: "Não vai casar com a filha do fulano, não, porque ela é uma perdida desde cedo", como se estivesse fazendo sexo há muito tempo. Mas não era só a mulher que se protegia. O homem também tinha esse escrúpulo, ele podia até pensar em se aproximar mais da menina, em ter com ela intimidades sexuais, mas ele tinha autocensura e pensava: "Não, com menina de família eu não posso me atrever a tentar fazer isso ou aquilo." Se o homem conseguia facilidades no acesso à sua namorada no início de um namoro, certamente esta não seria a sua opção para um eventual futuro casamento. Havia um respeito mútuo, mas também uma valorização da pureza.

Essa era a cultura aqui no Brasil na primeira metade do século XX e até o início da década de 1970. Só começou a existir uma liberação maior com o advento dos anticoncepcionais, que, primeiramente, precisavam de receita médica muito difícil de se obter na época. Como é que uma menina iria a um ginecologista pedir uma receita de pílula? O médico, com certeza, contaria para a mãe. Então, o namorado comprava as pílulas anticoncepcionais na farmácia e dava para a namorada. E assim começou. O risco da gravidez começou a não existir mais, porque ela se protegia. E assim teve início a liberação sexual da mulher. Esse período do pós-guerra, dos 1950 em diante, foi um pouco influenciado, no Brasil, pela cultura europeia. Muitas meninas iam, na fase colegial, fazer cursos na Europa, entre Suíça, França e Inglaterra. Lá, a mentalidade era diferente. Elas voltavam com outra cabeça, com uma mente mais aberta.

Eu diria, contudo, que só na metade da década de 1970 e 1980 a liberdade sexual foi total, e tabus como "deixar de casar porque a menina não era mais virgem" deixaram de existir. Já passávamos a ouvir, até mesmo no meio social, que os rapazes precisavam namorar meninas mais livres, pois elas tinham melhor experiência do que eles próprios. Aí, eles passavam a se integrar sexualmente, a menina quase que ensinando a fazer sexo.

2.2 O FICAR, A SAÍDA

Surgiram, no meio social, expressões interessantes. A garotada começou a usar "ficar com fulano", mas o que seria *ficar*? Escutávamos dos nossos filhos, dos filhos de amigos, "o fulano ficou, na mesma noite, na festa, com seis meninas". Ficar era dar um beijo na boca, não era fazer sexo.

EU ME LEMBRO de um julgamento em que a guarda da menina estava sendo disputada entre os genitores e o pai já estava com a jovem de quatorze anos há algum tempo. Então, o juiz, em plena audiência, perguntou na frente de todos: "A senhora já ficou com alguém?", e ela perguntou "Ficar em que sentido? Beijar já beijei, mas sexo não fiz."

Já as *saídas* significavam coisa mais forte. Falar que "saiu com o fulano" era já ter saído para o motel, para a casa dele, para o apartamento dela, e já demonstrava bem mais intimidade. O "sair com o fulano" não era ir para um restaurante e ficar simplesmente conversando com ele. Não! Eles tinham intimidade, faziam sexo. Uma saída era mais ampla, mais livre e abrangente. E, de qualquer forma, tanto a *ficada* quanto o namoro tinham certas convenções, quando se começava a ficar mais próximo, vinha à lembrança figuras de antigamente, trazidas para o dia atual: o noivado.

2.3 O NOIVADO:
SUAS SOLENIDADES E INÍCIO DOS DEVERES E OBRIGAÇÕES

Pedir em noivado era o ato de o rapaz falar com o pai e com a mãe da moça com quem queria noivar e, nessa ocasião, dizia: "Nós pretendemos nos casar." Muitas vezes, nos dias atuais, o casal fica noivo já convivendo. Resolvem noivar, compram alianças, colocam na mão direita. Já estão saindo há um tempo. Mas o noivado tinha uma solenidade, uma festinha, chamavam-se os amigos e se comunicava que estavam noivos, colocavam a aliança e iniciavam essa nova fase afetiva. Nesse momento, já havia um dever de fidelidade; não eram mais simples *ficantes*, a namorada era dele e ele era dela. Havia um respeito de um início de uma afeição, de muito amor, carinho e fidelidade. Ainda permance nos dias atuais essa evolução de ficar-namoro-sair-noivado, até se chegar ao casamento.

2.3.1 O ROMPIMENTO DO NOIVADO E SUAS CONSEQUÊNCIAS

Também pode ser essencial a presença de um advogado antes do matrimônio em casos de rompimento de noivado. Ocorre muitas vezes de os noivos, há anos em promessa de matrimônio, começarem a vender bens para a compra de apartamento, enxoval e outros artigos necessários ao início de uma vida a dois.

Após todos os gastos, imaginemos que o noivo rompa seu compromisso com a noiva. Nesse caso, o advogado de família, embasado não só em expectativa, mas em situação concreta de perda – emocional e material –, pode pensar no ingresso em juízo com um pedido de indenização por danos morais e materiais.

Nesse tocante em especial, é importante lembrar que, pautado em conduta flagrantemente machista, muitas vezes, o homem formaliza o noivado com a mulher, prometendo casamento, mas se esquiva de sua promessa, deixando o noivado correr por longo tempo – às vezes dez, quinze anos! Isso para que possa continuar com sua vida lasciva enquanto deixa sua mulher *reservada* para ele durante o noivado. Em casos como esse, de rompimento unilateral, doloso, por parte do homem, bem assessorada a noiva, por advogado especialista, poderá, se desejar, ingressar em juízo com pedido de indenização por danos materiais e morais, pautado no sofrimento da ruptura maquinada pelo noivo, além dos aspectos materiais que eventualmente tenha investido para a consumação do matrimônio, como a confecção de vestidos especiais, aquisição de roupas novas, de eletrodomésticos, mobiliário, compra de imóvel, decoração, doações recebidas de genitores, padrinhos ou de parentes próximos. Podem ser contabilizados também aspectos de faixa etária, ou seja, enquanto jovem, muito bonita e estudando, ele a força a deixar os estudos para ter sua dedicação exclusiva, e, com o passar dos anos, a deixa, não concretizando o casamento prometido.

> RECORDO-ME QUE SE CONTAVA que, na cidade mineira de Barbacena, havia um casal que ficou noivo vinte anos e depois ele a deixou por outra jovem. Falava-se que foi o noivado mais longo do Brasil. Criou-se um conflito social tamanho entre as famílias que o assunto foi parar na Justiça local.

A questão dos danos morais no rompimento de noivado não é superficial nem inócua. Visa restituir à noiva ou ao noivo que passam por enorme desgaste psicológico por meio da quebra injustificada ou mais – algumas vezes até dolosa e quase sempre dolorosa –, de uma promessa matrimonial.

A esse respeito, é importante para a exata contextualização do tema esclarecer que à promessa que reciprocamente fazem o homem e a mulher de se casar num futuro próximo tradicionalmente denomina-se esponsais. Salienta Eduardo Espínola, notável civilista do século XX, com relação aos esponsais, que, em nosso antigo Direito, o mesmo tinha caráter de verdadeiro contrato, obedecendo a formalidades e produzindo os efeitos regulados pela lei.[6] No entanto, é imperioso esclarecer que o diploma civil atual não se ocupou dos esponsais, restando omisso no que tange ao assunto, não existindo assim qualquer disposição a regular seus efeitos. No entanto, nas próprias palavras do citado autor:

6 ESPÍNOLA, Eduardo. *A família no Direito Civil brasileiro*. Campinas: Bookseller, 2001, p. 35.

O compromisso de contrair futuro casamento continua, entretanto, a existir a se praticar, entre nós, de conformidade com usos e costumes, verificando-se um período de noivado, que, desfeito, pode determinar alguns efeitos jurídicos, em situações que interessam à ordem social e ao direito positivo.[7]

E continua o brilhante civilista a defender os efeitos relacionados aos esponsais, ou noivado, em perfeitas linhas que merecem novamente destaque, posto que encerram as melhores considerações acerca do tema em tela:

> O silêncio do Código Civil não autoriza a concluir que os esponsais não podem servir de causa a uma indenização de danos. Parece-nos que a respeito deverá abranger: a) todas as despesas razoavelmente efetuadas, em vista do casamento em projeto; b) os prejuízos diretamente decorrentes da circunstância de haver tomado alguma determinação especial em relação aos bens, ou de haver a noiva perdido ou rejeitado alguma colocação, confiante no próximo consórcio. (...) O dano moral, acreditamos, é indenizável, principalmente quando há desonra, nos termos do art. 1.548, nº III, do Código Civil. É claro que só terá direito à indenização o noivo repudiado, se não houver dado causa ao procedimento do arrependido.[8]

---

7 Ibidem, p. 38.
8 Ibidem, p. 44–45.

No Direito Civil belga, tão bem comentado por Henri De Page, em seu *Traité de Droit Civil Belge*, vemos que a condição de *fiaçailles* imprime a emissão de uma *Carta* (certidão) prévia de um casamento formal. Aos noivos, mesmo rompidos, numa emergência futura, não importa após quanto tempo, em caso de necessidade extrema de sobrevida, não tendo condições de se manter nem de buscar ajuda de parentes consanguíneos ou próximos, resta a possibilidade remota de bater às portas do *ex-noivo* para o exercício de contribuição para tal situação emergencial.

O NOIVADO É um pré-casamento, é um ato sério de preparo prévio para a estabilização de um casamento, em cuja fase são elaboradas e estudadas as condições dos pactos antenupciais.

É um compromisso social com a exibição a todos que se cercam das famílias em questão, para que saibam que os noivos prestaram entre ambos e seus parentes uma verdadeira *jura de amor*, visando em período próximo transformar aquela convivência afetiva num verdadeiro e formal casamento.

2.4 OS TABUS SE FORAM

Antigamente, a mulher chegava para uma consulta e, muitas vezes, afirmava de forma redundante ao advogado que se "casara virgem". E, quando não assim revelava, deixava eventualmente tal indagação

ao advogado, que poderia perguntar: "A senhora se casou virgem?".
A resposta vinha direta e imediata: "Por que o senhor está querendo saber disso? O senhor acha que eu sou uma vagabunda?". Não. Não acho não, mas logo abria o jogo. "Não, doutor, eu tive relações com outro cara e fiz recomposição de hímen. Tive relações com um primo e apenas revelei para a minha mãe, que sugeriu na época essa intervenção cirúrgica plástica, pois eu correria o risco de ser rejeitada na noite de núpcias pelo meu atual marido, um 'caretão'."

RECORDO DO CASO de um militar bem conservador que chegou no escritório dizendo: "Dr. Paulo, eu quero me desquitar da minha mulher e vou revelar uma coisa pro senhor: eu fiz uma concessão especial pra ela, eu fui um homem muito legal pra ela, porque quando a conheci e com ela casei, ela já não era mais virgem", como se ele tivesse feito um grande favor de não deixá-la virar titia, "e ela já tinha transado com um primo e um vizinho dela, e eu, assim mesmo, assumi essa condição negativa e resolvi com ela casar." Então, passados trinta anos de casado, ele vem dizer que a mulher não era virgem.

Tive conhecimento inclusive de muitos médicos, cirurgiões plásticos, nas décadas de 1940 até 1960, que eram especializados em reconstituição de hímen. O tabu era valioso, mas aos poucos, como já anteriormente narrei, foi desaparecendo. Tive essas experiências na minha vida profissional. O prazo para a anulação de casamento por tal motivo era curto, pois se alongado fosse, muita gente já casada há mais de ano iria buscar no seu enraizado machismo motivo para tal anulação.

2.4.1 O ACOLHIMENTO DOS PAIS DO NAMORO DOS FILHOS EM SUAS CASAS

Já há algum tempo, os pais liberais permitem que os filhos e seus namorados durmam em sua casa, protegendo-os de riscos de assaltos e de insegurança em motéis. Enfim, era muito mais conveniente para um sentido de família que os pais recebessem em suas casas os namorados de seus filhos, num ambiente aconchegante e de aproximação de ambas as famílias. Dessa forma, os pais sabiam onde os filhos estavam quando saíam de suas casas. Foi e ainda é uma experiência de bons resultados num sentido amplo de afinidade e afeto no meio das famílias. Então, ficar dentro de casa com o namorado ou a namorada passou a ser estimulado pelos próprios pais, que já não viam essa intimidade como tabu, diferente dos pais deles na época em que começaram os respectivos namoros. Esse hábito permanece e tem se tornado rotineiro entre os jovens enamorados, sem qualquer restrição de seus pais.

2.5 NAMORO E UNIÃO ESTÁVEL

As duas pessoas começaram a namorar e até mesmo a viver juntas, ele dormia na casa dela, ela na dele, e passaram a ter uma exteriorização de vida em comum. Todo mundo conhecia a Joana do Manuel, a Maria do Pedro, o Pedro da Maria, porque estavam sempre um ao lado do outro. Os dois vivendo juntos, aparecendo juntos. Isso me faz lembrar um pouco quando ouvi, em 1975, em um curso de que participei em Luxemburgo e em um Congresso na Suécia, em 1977, que na Europa, na época, não existia nenhum país que adotasse e legitimasse o concubinato ou a união estável. Eles eram contrários, porque se você vivesse em comum num país em que havia a instituição do casamento, você estava cometendo uma infração grave, uma contravenção de aspectos sociais representativos, porque você não podia ter direito algum, uma vez que o Estado só reconhecia direitos aos casais, aos casamentos formais. Concubinato era novidade do Terceiro Mundo, dos países que não haviam ainda regulamentado o divórcio vincular.

O que eu vi nessa evolução na década de 1970 foi uma preocupação com o crescimento dessas uniões afetivas, dessas uniões estáveis, no mundo europeu, pois os jovens começavam essas uniões quando estavam estudando, na fase universitária. A jovem adolescente alugava um apartamento, o seu namorado, colega de turma, alugava outro, e se perguntavam "por que estamos alugando dois apartamentos se podemos viver num só, e de forma mais confortável?". Assim, eles começavam a viver juntos. E, quando percebiam, já tinham terminado o curso na faculdade, estavam formados e fazendo pós-graduação, e ela engravidava. Eles já estavam vivendo como marido e mulher e não sabiam que eram, de fato, marido e mulher. Essa discriminação foi terminando aos poucos na Europa, com a evolução e reconhecimento, hoje, de grande parte dos países, da união afetiva, que une os casais com os mesmos direitos amparados pelo casamento. É um casamento natural, instintivo, como nasceu na primitividade uma família monogâmica, sem os ritos, as celebrações, os papéis administrativos. Uma verdadeira família com muito amor e integração afetiva natural.

Aqui no Brasil foi a mesma coisa. As pessoas começavam a viver juntas. Mas teve uma época anterior à década de 1970, antes da Lei do Divórcio, em que foi muito comum uma jovem se apaixonar por um homem desquitado e vice-versa. Era um escândalo na família, pois não queriam deixá-los casar com os escolhidos. Os *namorados* com a intenção matrimonial passavam a buscar alternativas, como um casamento no México, na Bolívia, ou faziam um contrato de casamento, sem usar o nome casamento, em um Cartório de Notas, pois intitulando de casamento esse ato notarial, a Corregedoria vetava sua distribuição. Começou a existir a formação do que nós chamávamos, na época, de concubinato, quando se juntavam quatro mãos para formar um patrimônio, para formar uma família, e o concubinato ia se desenvolvendo, e os impedidos de casar avolumando sua admissão na sociedade. Quando, em 1977, veio o divórcio, eles passaram a ter condições de regulamentar, regularizar o status que se iniciara sem respaldo na lei, mas no respeito aos bons costumes e à jurisprudência que passou a reinar, como se disse, antes mesmo do advento da instituição divórcio.

Mas, também, tivemos isso no Brasil, antes, no período da Lei 6.015, de 1973. Nessa fase, já tínhamos a Suprema

Corte brasileira reconhecendo o concubinato e os aspectos da comunicação patrimonial. Nós também tivemos, em 1973, a Lei de Registros Públicos (6.015), que autorizava o homem a dar o seu nome de família para sua namorada, ou para sua companheira, depois de cinco anos de convivência, ou antes dos cinco anos, se tivessem filhos, reconhecendo, então, o concubinato.

Cheguei a presenciar a época em que a família que tinha um filho ou uma filha desquitados afastava-os um pouco, porque desquite era pecaminoso e contagiante. A mulher lutava, morria, mas não se desquitava. Porque a expressão *desquitada* era pejorativa. Se ela fosse se habilitar a um emprego preenchendo o formulário como desquitada, ela era preterida. Assim como os militares, quando iam para a fase de promoção, os mal casados eram promovidos e os desquitados eram preteridos na sua carreira. Nunca os desquitados chegavam ao generalato. Eles paravam na patente de capitão ou major e olhe lá! Isso ocorreu muito, até que, em 1977, esse motivo veio precipitar a introdução do divórcio no Brasil, pois sendo o presidente Ernesto Geisel um militar que seguia a filosofia luterana, evangélica e sendo divorcista, e tendo Nelson Carneiro lançado novamente, em tal oportunidade, a bandeira do divórcio, eles lutaram para que fosse aprovada a emenda Constitucional número 9, que resultou, no final do ano, na já mencionada Lei 6.515/77. Ainda que, inicialmente, de difícil obtenção, o divóricio veio a remediar aqueles que se encontravam irregulares na sua situação conjugal, separados de fato, desquitados ou em plena vivência de uma relação concubinária.

2.6 CASAMENTO OU UNIÃO ESTÁVEL

Chegamos no momento exato em que o casal vai decidir: "Nós estamos vivendo juntos. Por que a gente não se casa? Qual é a diferença entre casamento e união estável?"

A UNIÃO ESTÁVEL pode ser formal ou informal. A informal é quando o casal vive junto sem nenhum papel assinado, sem nada regulamentado, e continua a conviver.

Nesse caso, eles vão ser regidos pelo Código Civil e pela Constituição no § 3º do Artigo 226. E eles serão diretamente regidos, como o Código Civil fala, pelo regime da comunhão parcial de bens, conforme artigo 1.725.

Se eles quiserem formalizar a união estável, devem procurar um advogado especialista para redigir o contrato formal e detalhista, para, em seguida, num Cartório de Ofício de Notas, pedirem a lavratura das respectivas cláusulas e condições que irão regulamentar essa união estável. Podem optar por qualquer regime de bens inerente ao casamento (comunhão parcial, universal, separação de bens, ou comunhão dos aquestos) ou mesmo criar um original que se adapte às necessidades de ambos. É muito importante se fazer um histórico da convivência das partes, especificar o tempo que conviveram juntos, o estado civil originário de cada qual, se têm filhos de leitos anteriores, devendo dar, cada um, quitação ao outro do período que mantiveram a informalidade da união estável. Podem e devem definir no pacto se irão ou não manter uma residência comum ou residirão em imóveis distintos, pois a lei não impede essa opção, distinta do casamento, em que se obriga a vida sob o mesmo teto. Podem igualmente regulamentar o crédito dos benefícios *post mortem*, favorecendo ao que sobreviver. Regular também, se for o caso, os aspectos do exercício do direito real de habitação ao sobrevivente (supérstite), o que fica subjetivo na união estável, regulado pelo artigo 1.831 do Código Civil, que se aplica por analogia. Ora, estabelecidos os detalhes que mantiveram na informalidade, os novos aspectos criados formalmente, inclusive com a eleição do regime de bens, lavrando-se a escritura pública, estarão as partes a estabelecer uma união estável convencional, garantida, da mesma forma que o casamento, pelo artigo 226 da Constituição Federal.

SE O ARTIGO 226 da Constituição protege tanto o casamento quanto a união estável, qual é a diferença em termos legais? No casamento você adere ao que o Estado estabelece, que são os deveres comuns ao casamento, e na união estável, não.

Nos deveres comuns do casamento estão a "vida em comum sob o mesmo teto, fidelidade recíproca, respeito mútuo, assistência material e moral aos filhos e ao casal". Então, o casamento se compara a um contrato de adesão em que o Estado estabelece as regras, e as partes aderem. Na união estável, a mulher e o homem podem estabelecer regras diferentes. Podem estabelecer, por exemplo, que não serão obrigados a viver sob o mesmo teto. Ela pode viver num lugar e ele pode viver noutro. Eles não são obrigados, assim como no casamento também não, a mudar de nome de identificação numa carteira de identidade ou num passaporte. Se quiserem, mudam; se não quiserem, não mudam. Isso é o estabelecido hoje no Brasil.

No pacto de união estável, eles podem estabelecer regras em que não são obrigados a dar alimentos para um e para o outro porque têm profissão própria, patrimônio próprio, rendimentos próprios. No casamento, são obrigados ao dever de mútua assistência. Na união estável, eles podem estabelecer o regime de bens de uma forma inclusive eclética. Os bens anteriores, com exceção de um determinado apartamento ou casa, os bens que receberam por doação, os herdados. Pode estabelecer uma série de regras na união estável, que não são possíveis no casamento, pois os regimes de bens são pré-estabelecidos pelo Estado. Você pode transigir um pouco, mas não de uma forma radical.

Hoje, nesse momento em que o casamento se consolida e as pessoas sentem que estão aptas para convalidar sua afeição, seu amor, elas podem optar. Muita gente opta pela união estável. As pessoas começam a viver juntas na união estável e, depois de alguns anos de convivência, decidem casar. Chamam um juiz de paz para realizar o casamento, ou chamam um padre, pastor ou um rabino, e assim concretizam e dão uma conotação social ao casamento. Estão enganados aqueles que dizem que a família, o casamento e a união estável estão desabando. Ao contrário.

Qualquer pessoa pode passar pela rua 1º de Março aos sábados ou pela Praia do Flamengo e olhar para cima, no Outeiro da Glória, e ver que as igrejas estão lotadas. Às vezes, há dois ou três casamentos no mesmo dia, na mesma igreja. Ou seja, o casamento ainda está muito em alta.

2.7 NA PRÁTICA, COMO SE CASA NO CIVIL E NO RELIGIOSO?

O Casamento Católico

Na religião católica, o casamento é considerado um ato eclesiástico de suma formalidade, pois a autoridade máxima religiosa que consagra os noivos durante a cerimônia do matrimônio representa Deus naquele momento, trazendo os próprios princípios canônicos de que o casamento é uno e indissolúvel. Nossas Constituições, desde a época Imperial até o advento da Emenda Constitucional nº 9, de junho de 1977, estabeleciam que o "casamento era indissolúvel", partindo do princípio de que "o que Deus une o homem não separa", de acordo com o trecho bíblico atribuído ao apóstolo Marcos, quando afirma: "e os dois se tornarão uma só carne'. Dessa forma, eles já não são dois, mas sim uma só carne. Portanto, o que Deus uniu, não o separe o ser humano!". Toda a pompa e cerimônia do casamento religioso é feita em voz alta, para que seja ouvida até pelos mais distantes do templo. É o ato que consagra o início da constituição de uma família.

OS NOIVOS INTERESSADOS em se casar devem:

1 Marcar uma reunião com o padre da paróquia da noiva para decidir a data do casamento, bem como obter informação acerca de todos os documentos necessários ao casamento.
    a Segundo a tradição, o processo de casamento deve ser tratado e realizado na paróquia da noiva, embora também exista a possibilidade de ser na do noivo (desde que lá seja possível a respectiva celebração).
    b Somente poderá ser celebrado na paróquia do noivo se houver o consentimento dos respectivos párocos.
    c Mas não existe impossibilidade de se casar numa outra igreja de comum acordo entre os noivos, mesmo que por tradição, pois seus pais lá se casaram, ou por ter uma razão para um ou para o outro de tal escolha.

2 O processo religioso deve ser iniciado com ao menos um mês de antecedência do casamento.
    a É necessária a apresentação de identidade, certidões de batismo e atestados de Estado Livre (documento hábil a comprovar que os noivos não estão casados com terceiros). Muitas vezes não se encontra a certidão de batismo original, extraviada pelos pais ou parentes dos noivos. Esse documento pode ser suprido pelo pároco da igreja que o noivo ou a noiva frequenta ou que tenham conhecimento e convencimento para a emissão de um certificado ou declaração autônoma

do religioso responsável, para se instruir no processo de habilitação do casamento religioso católico.

b Os atestados de Estado Livre serão obtidos na paróquia escolhida para organizar o processo de casamento.

3 Preenchidos os requisitos, serão fixados editais na paróquia e permanecerão expostos pelo período de oito dias.

a Durante esse período, poderá o padre da paróquia pesquisar se existem outros impedimentos, eventualmente ocultos pelas partes. Nos dias atuais, essas pesquisas não são difíceis, utilizando-se até mesmo os sites de informações gerais.

4 Inexistindo qualquer impedimento, o casal será convidado a participar de sessões de um curso de preparação para o matrimônio, do qual, muitas vezes, os padrinhos que se integrarão na certidão futura como testemunhas poderão também participar. São popularmente conhecidos por Cursos de Noivos.

a São sessões coletivas frequentadas por casais em preparação para o casamento e presididas, em geral, por casais de matrimônio estável e com vivência no estado de casados por mais de vinte anos e com filhos, que participam da comunidade da paróquia frequentada por ambos ou por um dos noivos.

5 Quando da celebração do casamento, será necessária a presença de duas pessoas para testemunhar o ato.

a Essas testemunhas são popularmente chamadas de padrinhos do casamento religioso e, quando tem o ato efeitos civis, restam igualmente como os padrinhos também do ato civil.

6 Após a celebração e assinatura pelos noivos e padrinhos, será enviado comunicado do casamento ao Registro Civil, onde será averbada a respectiva certidão de casamento com a emissão do documento final, que será básico como prova do novo status das partes. A certidão do casamento religioso também será emitida e entregue aos nubentes.

Aspectos gerais e curiosidades

- Ambos os noivos devem ser batizados na Igreja católica. Se um dos noivos não o for, a autoridade eclesiástica da igreja onde o casamento será realizado deverá autorizá-lo expressamente.
- É obrigatório o ato religioso da confissão dos noivos na semana que antecede ao casamento, desde que os noivos optem por comungar na cerimônia de casamento.
- Nenhum dos dois pode ter um matrimônio religioso anterior (ressalvados os casos de que este tenha sido anulado pela Igreja, ou o caso de viuvez).
- O curso pré-matrimonial é de caráter obrigatório e consiste, geralmente, em palestras sobre o matrimônio cristão, ministrada, como se disse, por leigos com experiência em casamento de mais de 20 anos e com filhos.

- Os futuros casados devem completar uma ficha de casamento, com uma série de dados sobre a sua documentação pessoal, endereço e outras informações pessoais.
- Se os noivos são de religiões diferentes e desejam se casar pelo rito católico, devem solicitar uma ficha específica para casamentos mistos.
- A cerimônia possui cerca de trinta minutos de duração, incluindo a liturgia da palavra, orações, um sermão e, por fim, a troca de votos matrimoniais e das alianças.
- Existe a opção da celebração de uma missa completa, inclusive com a realização da comunhão.
- A troca de toalhas do altar é proibida, assim como qualquer alteração na disposição dos bancos da Igreja.

O Casamento Judaico: Rituais e Curiosidades

A religião judaica é considerada como sendo a primeira religião monoteísta da história. A crença do judaísmo se volta para a existência de um único Deus, criador de tudo e de todos. A fé judaica é milenar e sempre foi praticada ao redor do mundo, mas, atualmente, além de permanecer sendo exercida em diversas regiões do mundo, é no estado de Israel que se concentra o maior número de praticantes.

O CASAMENTO JUDAICO se mostra como um instituto muito valorizado para o povo judeu e é disciplinado pela Lei

Judaica (Torá). A cerimônia goza de diversas peculiaridades que causam curiosidade para aqueles que não a conhecem bem.

1 **A ALMA DOS NOIVOS** No judaísmo, o foco principal do casamento é a relação entre a mulher e o homem, já que a união significa, em um plano espiritual, a formação de uma única alma, ou seja, as almas dos noivos são consideradas como almas gêmeas e, no momento do casamento, duas almas se transformam em uma única. Para o povo judeu, um homem não é completo se não está casado.

2 **A *CHUPÁ*: O ALTAR** A cerimônia de casamento judaico não precisa ocorrer dentro de uma sinagoga, uma vez que não há qualquer obrigação de que o culto se desenvolva dentro de um templo sagrado. Para que a cerimônia seja válida, basta que haja uma *chupá* (pronuncia-se rupá), ou seja, uma espécie de altar, que simboliza a moradia a ser dividida pelo casal. A *chupá* não deve ter paredes, representando a hospitalidade incondicional aos amigos e parentes.

3 **O DIA DO CASAMENTO** Para os noivos, o dia do casamento judaico é como um *Yom Kipur* (dia do perdão) pessoal, onde ambos permanecem em jejum e em profunda reflexão, para que seja alcançado um estado totalmente puro.

4 **A ENTRADA DA NOIVA** Durante a cerimônia, a noiva entra com ambos os pais e com o rosto coberto por um véu.

Para tal costume, há três significados: o primeiro é enaltecer os valores da noiva, deixando em segundo plano sua beleza exterior; o segundo, representa a modéstia da mulher judia, e o terceiro pressupõe que a presença divina irradia do rosto da noiva neste momento, devendo ser coberto.

5. **AS SETE VOLTAS** Ambos os noivos caminham até o altar (*chupá*) e, chegando, a noiva dá sete voltas ao redor do noivo. Essa tradição remonta à criação do mundo, que foi criado em sete dias. É como se a noiva estivesse construindo as paredes do lar conjugal. Além disso, o número sete é um número cabalístico e simboliza a plenitude e integridade que somente é atingida conjuntamente. Posteriormente às sete voltas, a noiva se posiciona ao lado direito do noivo, em sinal de companheirismo.

6. **A ALIANÇA** A entrega da aliança é feita pelo noivo e aceita pela noiva. Tal ato se mostra como o ato central da santificação do casamento. A aliança simboliza o elo de uma corrente e também um círculo sem fim, representando o ciclo da vida. A partir do momento em que a aliança é colocada no dedo indicador da noiva, de acordo com a Lei Judaica, o casal é considerado casado.

7. **A QUEBRA DO COPO** O último ato da cerimônia religiosa é a quebra de um copo de vidro pelo noivo, representando a destruição do Templo Sagrado de Jerusalém. Além

disso, a quebra do cristal simboliza o equilíbrio entre os momentos felizes e tristes que hão de ser enfrentados ao longo da vida conjugal.

8 A *KETUBÁ* : O CONTRATO DE CASAMENTO A *ketubá* é o contrato onde são especificadas as responsabilidades do marido com sua esposa e deve ser assinado pelos noivos como prova de que eles vislumbram o casamento não apenas como uma união física e emocional, mas como um compromisso legal e moral. O documento deve ser assinado por testemunhas e lido em voz alta.

O Casamento Segundo o Rito Evangélico (Luterano)

1 Os noivos têm uma entrevista com o pároco e preenchem um formulário.

2 Um dos noivos deverá já ser membro da Igreja luterana.

3 O casamento religioso deverá ser antecipado do casamento civil, mas, conforme o Código Civil, poderá ser feito o casamento religioso com o efeito civil, mediante a apresentação da Certidão de Habilitação emitida pelo Cartório da Circunscrição Civil das Pessoas Naturais. Faz--se uma Ata do Casamento, celebrado pelo pastor que, dentro do prazo legal, deverá entregar ao cartório da

referida Circunscrição Civil que expediu a certidão autorizatória do ato jurídico formal que, oportunamente, entregará aos noivos uma certidão definitiva do casamento civil realizado.

4 A cerimônia luterana segue quase os mesmos passos litúrgicos da Igreja católica e obedece às formalidades conforme o que estabelece o Estado. A Igreja luterana tem um ritual para o casamento como o da Igreja católica, assim como as demais oriundas da Reforma do século XVI, mas o celebrante, de conformidade com os seus dons e carismas, pode ser espontâneo e criativo durante o ato solene, celebrando o casamento dentro de uma informalidade formal. O mesmo se aplica nas Igrejas presbiteriana, batista e anglicana.

5 Se um dos noivos ou mesmo os dois noivos não forem membros das Igrejas luterana, batista, presbiteriana ou anglicana, um Conselho Superior de religiosos e dirigentes dessas Igrejas poderá, em caráter excepcional, admitir a realização de um casamento no rito das referidas Igrejas, autorizando desta feita a consumação da solenidade.

6 O cerimonial de entrada e de saída na celebração geralmente é conduzido por uma pessoa ou equipe previamente contratada pelos nubentes em acordo com a autoridade religiosa.

2.8 O PROCESSO DE HABILITAÇÃO. A HABILITAÇÃO NO EXTERIOR E SUA REGULARIZAÇÃO NO BRASIL

Instruções:

- O noivo ou a noiva devem residir neste subdistrito.
- Devem estar acompanhados de duas testemunhas, parentes ou não (desde que sejam conhecidos) e maiores de dezoito anos.
- Devem portar documento de identidade original com foto (RG, CNH, RNE ou protocolo, passaporte, carteira de conselhos profissionais regionais como OAB, Crea etc.) e certidão de casamento, caso seja casado(a), separado(a), divorciado(a).
- Os documentos têm que ser originais e não podem ser cópias autenticadas nem conter fotos antigas, emendas, rasuras ou estarem replastificados.

Ao dar entrada no processo de habilitação de casamento, os noivos deverão decidir:

- Qual será o nome adotado após o casamento.
- Onde a mulher acrescentará ao seu nome o sobrenome do marido; ou se manterá o seu nome de solteira ou se irá retirá-lo parcialmente, sendo vedada a supressão total do sobrenome de solteira, ocorrendo o mesmo em relação ao marido, que poderá acrescer ao seu o sobrenome da mulher.

Documentos necessários:

Solteiros (maiores de dezoito anos)
- Documento de identidade original com foto (RG, CNH, passaporte, carteira de conselhos profissionais regionais, como OAB, Crea etc.).
- Certidão de nascimento original.
- Data, local de nascimento e endereço de residência dos pais (se falecidos, apenas informar a data e local de falecimento, não precisando de documento para comprovação).

Solteiros (maiores de dezesseis e menores de dezoito anos)
- Documento de identidade original com foto (RG, CNH, passaporte, carteira de conselhos profissionais regionais, como OAB, Crea etc.).
- Certidão de nascimento original.
- Data, local de nascimento e endereço de residência dos pais.
- Estarem acompanhados dos pais, para o consentimento (se falecidos, apresentar certidão de óbito).

Solteiros (menores de dezesseis anos)
- Neste caso, é obrigatória a autorização judicial para o casamento.
- Em casos de gravidez, pode-se conseguir autorização judicial, obtida em requerimento ao juiz, mediante comprovação.

Divorciados
- Documento de identidade original com foto (RG, CNH, passaporte, carteira de conselhos profissionais regionais, como OAB, Crea etc.).

- Certidão de casamento original com a averbação de divórcio.
- Data, local de nascimento e endereço de residência dos pais (se falecidos, apenas informar a data e local de falecimento, não precisando de documento para comprovação).

Viúvos
- Documento de identidade original com foto (RG, CNH, passaporte, carteira de conselhos profissionais regionais, como OAB, Crea etc.).
- Certidão de casamento e certidão de óbito do cônjuge falecido.
- Formal de partilha (no caso dos bens já terem sido partilhados).
- Data, local de nascimento e endereço de residência dos pais (se falecidos, apenas informar a data e local de falecimento, não precisando de documento para comprovação).

Estrangeiros

Solteiros
- Documento de identidade original com foto (RNE ou protocolo, passaporte).
- Certidão de nascimento original.
- Atestado consular (constando estado civil e o último endereço).
- Data, local de nascimento e endereço de residência dos pais (se falecidos, apenas informar a data e local de falecimento, não precisando de documento para comprovação).

Divorciados
- Documento de identidade original com foto (RNE ou protocolo, passaporte).

- Certidão de casamento com averbação de divórcio.
- Atestado consular (constando estado civil e o último endereço).
- Data, local de nascimento e endereço de residência dos pais (se falecidos, apenas informar a data e local de falecimento, não precisando de documento para comprovação).

Obs.: Para estrangeiros, é necessária a consularização dos documentos acima citados pelo Consulado Brasileiro, para a verificação de procedência, exceto para os documentos oriundos da França.

Os documentos em língua estrangeira deverão ser traduzidos por tradutor público juramentado e a tradução deverá ser registrada no Cartório de Títulos e Documentos.

Caso o estrangeiro não fale a língua portuguesa, o mesmo deverá estar acompanhado de um tradutor público juramentado, com registro na Junta Comercial, portando o original da carteira de registro no respectivo órgão.

Capítulo 3

Os Aspectos Legais do Casamento

O CASAMENTO É AMPARADO pela Constituição, pelo artigo 226 e seus parágrafos, que estabelece uma série de regras, e é consumado após o próprio Ministério Público examinar os papéis que fizeram a habilitação. O cartório marca dia e hora para o casamento, faz-se o casamento e, a partir daquele momento, quando os noivos dizem *Sim* na frente da autoridade civil ou religiosa, aquele sim é muito representativo. A partir daquele momento, eles expressaram a vontade, a volição, o desejo de se casar. Ao se casar, eles passam a ter a proteção do Estado, que obriga a vida em comum e um a auxiliar o outro, como a própria expressão conhecida "na saúde e na doença, na riqueza e na pobreza", oriunda do direito canônico.

O casamento já tem uma conotação. O que prova o casamento? Uma certidão. A certidão de casamento é a habilitação do motorista. Em toda a certidão de casamento consta o regime de bens que o casal adotou. Se o casal fez pacto pré-nupcial, tem lá "conforme livro x, as folhas x, em data x". No casamento, você geralmente aluga ou compra um imóvel, e o casal começa a coabitar. A união estável é semelhante, só que é mais informal, não tem esses requisitos burocráticos. A habilitação por união estável não existe. Até um homem casado e separado de fato pode constituir uma nova família, através da formalização de um Contrato de União Estável, lavrado em cartório. É necessário que ele afirme que está de fato separado há *x* anos para consolidar os termos da escritura. Casar ele não pode. Tem de se divorciar primeiro para depois se casar. Mas, no Brasil, é muito fácil se divorciar após a aprovação da Emenda Constitucional nº 66 de 2010. Para casar é necessária a vontade de ambos, mas para se divorciar basta a volição de uma das partes.

3.1 LEGALIDADE DO CASAMENTO (IMPEDIMENTOS)

NO QUE DIZ RESPEITO à análise da viabilidade matrimonial, o advogado deve avaliar, em primeiro lugar, se o pretenso casamento é legal, ou seja, se não há nenhum impedimento que venha posteriormente a anular ou nulificar o ato jurídico mais formal e solene de todos, invalidando-o perante o ordenamento jurídico.

Os impedimentos matrimoniais são condições positivas ou negativas, de fato ou de direito, físicas ou jurídicas, expressamente especificadas pela lei, que, permanente ou temporariamente, proíbem o casamento ou um novo casamento.

Reparem na vastidão territorial de nosso país, quando alguém se muda do norte ou nordeste para o sul ou vice-versa, deixando famílias, e se apresenta de forma simulada, como se solteiro fosse, quando na realidade nem desfeita fora a sua união afetiva anterior formal, seja através de um divórcio ou mesmo por uma dissolução de união estável com ou sem filhos.

Quantos, onerados com dívidas de alimentos, sancionados com prisão ou penhora, abandonam o status que mantinham numa família e visam, até mesmo com nomes falsos, uma nova tentativa de vida noutro meio social distante do que estavam vivendo?

Nas palavras de Sá Pereira, os impedimentos podem ser definidos como "a falta de condições impostas por lei para que se celebre casamento sem vício, que o anule, ou sem penalidade para os nubentes, o oficial do registro e o juiz".[9]

Segundo bem resume o notável Paulo Lôbo, os impedimentos matrimoniais têm origem histórica de adequação social:

> Certas situações, resultante de valores longamente cristalizados nas sociedades, são consideradas moralmente determinantes de proibição para o casamento. Sua fonte primária, que está na raiz da constituição de quase todos os povos, é a vedação do incesto, que impede o casamento de pessoas com relação de parentesco próximo, a exemplo de pais e filhos, irmãos, e até mesmo em virtude de parentesco por afinidade em linha reta estabelecido entre sogros, genros e noras.[10]

---

9 PEREIRA, Virgílio de Sá. *Direito de Família, Universidade do Rio de Janeiro, Faculdade de Direito, Litho*. Rio de Janeiro: Typographia Fluminense, 1923, p. 89.
10 LÔBO, Paulo. *Direito Civil*, Famílias. São Paulo: Saraiva, 2008, p. 83.

Existem os impedimentos resultantes de parentesco, que se subdividem em impedimentos de consanguinidade, fundados em razões morais (para impedir núpcias incestuosas) e biológicas (para preservar a prole); impedimento de afinidade, pois não podem casar os afins em linha reta[11] nem os parentes por afinidade (vínculo que se estabelece em virtude de casamento ou união estável entre um dos cônjuges e os parentes de outro); impedimento de adoção, para velar pela legitimidade das relações familiares e pela moral do lar.

Ademais, os sistemas jurídicos consubstanciaram também impedimentos de vínculo, que derivam da proibição da bigamia, por ter a família, na regra geral ocidental, base monogâmica.

Não obstante, são também elencados os impedimentos resultantes de crimes, pois não podem casar o cônjuge com o condenado como delinquente no homicídio ou tentativa de homicídio contra o seu consorte.

Além desses impedimentos, é comum também que os sistemas jurídicos elenquem impedimentos dirimentes privados para o matrimônio. É o caso da coação, da incapacidade de consentir, do rapto, da ausência de consentimento do pai, tutor ou curador, quando exigido, e da idade dos nubentes.

---

[11] Os afins em linha reta são os ascendentes e/ou descendentes do cônjuge, ou seja, o sogro, a sogra, o enteado, a enteada. Esses, mesmo que depois o casamento ou a união estável sejam desfeitos, permanecem. São vínculos indissolúveis. Assim, nunca o marido poderá casar ou manter união estável com a sogra. Já os afins colaterais são os irmãos dos ascendentes e descendentes do cônjuge, por exemplo, o genro, a nora, o tio do marido ou da esposa etc.

Por fim, essenciais as palavras de Arnaldo Rizzardo, que bem expõem as evoluções da comunidade jurídica a respeito do tema, ou seja, dos impedimentos matrimoniais. *In verbis*:

> Realmente, para realizar-se o casamento, não pode haver causas ou fatores que o impossibilitem. É que, segundo já mencionado, seja por razão de idade ou motivo de parentesco, a lei não permite que as pessoas indiscriminadamente casem, embora, nos últimos tempos, está se firmando a tendência de aumentar a liberdade das pessoas decidirem quanto à sua união marital, sente-se um retraimento na interferência do Estado. Esta instituição vai adquirindo contornos surpreendentes, com forte tendência para sua concepção puramente contratual, em que se procura dar o máximo de liberdade aos contraentes. Mas há certos padrões, valores e princípios que devem ser preservados e protegidos pelos ordenamentos legais.[12]

É hoje comum o casamento de brasileiros com estrangeiros, em que muitas vezes nada sabemos da origem de uma das partes, nem mesmo a comprovação de seu verdadeiro estado civil, por vezes obtido através de uma certidão em seu consulado, que também não pesquisa nas suas origens os antecedentes do seu paisano.

Justamente em função do exposto, da nova adequação que a doutrina vem fazendo a respeito dos impedimentos elencados

---

12 RIZZARDO, Arnaldo. *Direito de Família*. Rio de Janeiro: Forense, 2004, p. 33.

pela lei e da tendência jurídica de, a cada dia, deixar mais livre a vontade e convicção das partes, diminuindo a função estatal dos impedimentos, é de suma importância a presença de um advogado especializado em família para analisar tais questões ante o caso concreto apresentado.

Um estudo especializado sobre o tema, embasado em moderna argumentação jurídica, poderá relativizar certas normas a princípio taxativas, mas que, ante a peculiaridade da situação fática concreta e da análise de um especialista, pode acolher argumento em contrário.

3.2 SUCESSO OU INSUCESSO DO CASAMENTO (QUESTÕES CULTURAIS E ECONÔMICAS)

ULTRAPASSADA A QUESTÃO básica dos impedimentos matrimoniais, cuja análise correta seguida de advertência do advogado de família já impede processo de invalidade matrimonial, antecipando frustração futura, o advogado-consultor deve analisar a viabilidade do matrimônio sob o prisma social e econômico.

Nesse tocante em especial, para que o advogado possa avaliar se o casamento está fadado ao sucesso ou ao insucesso, é preciso que os clientes sejam absolutamente claros, sinceros, não omitindo nenhum detalhe na sua consulta.

> CONFORME JÁ DITO, o Direito de Família é a área do direito que mais se aproxima do ser humano e, via de consequência, das questões inerentes a sua vida: seus medos, anseios, desejos, gostos e predileções, condição social e cultural.

Em suma, o advogado de família precisa estar apto a analisar de forma precisa a maneira com que seu cliente enxerga a vida e pretende segui-la. Mas, nesse importante momento de decisão na vida, ele não pode falhar em sua opinião, pois o cliente está apaixonado, como dissemos, meio fora da razão, envolvido no objetivo de dar vazão aos clamores de seu afeto.

Para que seja feita esse tipo de análise, a mais essencial para o Direito de Família – posto que diferencia o advogado familiar de qualquer outro –, é necessário que o cliente abra sua vida e sua história sem pudores ou medo. É necessário confiança extrema no profissional escolhido pelo cliente.

Nós, advogados de família, somos os depositários dos aspectos mais íntimos de uma vida conjugal, inclusive sexual. É comum o cliente revelar a amigos, parentes e ao próprio terapeuta os problemas sob uma ótica genérica, tendo certo pudor na exposição de fatos íntimos. Ao advogado ele tem que revelar absolutamente tudo, sob risco de, ao omitir, receber uma orientação errônea e capenga em próprio prejuízo.

Uma relação afetiva, mesmo esporádica, durante o período do relacionamento entre os nubentes, é guardada a sete chaves geralmente pela mulher, que jamais revela até mesmo à sua melhor amiga. No entanto, ao advogado de família, ela deve se desprender e revelar, para que possa obter uma orientação segura, no caso de ser abordada pelo marido ou o advogado deste sobre tal ponto. As taras sexuais e comportamentos anômalos da vida íntima devem sempre ser trazidos à tona, para ajudar a formação da convicção necessária ao advogado.

Muitas vezes, ao analisar todos os já citados vetores da vida do cliente, o advogado de família percebe, instintivamente, por sua prática nessa especialização, que o casamento é incompatível. Comumente, o motivo da incompatibilidade é simplesmente a personalidade, ou a questão social e econômica, até cultural. Outras vezes, o advogado percebe que o matrimônio foi erroneamente motivado ou induzido. É seu grande e ético papel alertar ao cliente dos riscos de contrair aquelas núpcias, pois, a seu ver, no futuro, gerarão uma série de desgastantes problemas que podem levar ao rompimento da relação.

As amigas todas se casaram e eu estou ficando para titia. É nesse momento que o primeiro Don Juan se apresenta e passa de simples namorado a príncipe encantado. "Vou casar, tenho que casar para me libertar do jugo de meus pais. Quero ser livre, não dar mais satisfações de horários, de saídas de casa e retornos. Não suporto mais o ambiente da casa onde nasci. Quero desenvolver o meu sentido de liberdade." É nesse momento que, mais uma vez, o advogado de família intercede, até mesmo com o auxílio de um bom terapeuta, pois o casamento não pode ser encarado como nova alternativa de vida, mas como o ato formal constitutivo de uma família.

3.3 A FORMALIZAÇÃO DA UNIÃO ESTÁVEL (CASAR OU NÃO CASAR?)

Outro tema que corriqueiramente surge nos escritórios especializados em Direito de Família diz respeito à dúvida de um casal que vive em união estável converter ou não esta em casamento.

Nesse caso, o advogado precisa expor ao casal os benefícios e as subtrações referentes ao instituto da união estável. Para tanto, em primeiro lugar, precisa compreender as razões que motivam o questionamento, para só então se posicionar favorável ou contrário à conversão ao matrimônio. Em segundo lugar, é preciso que se esclareça aos conviventes as vantagens ou desvantagens sucessórias no que diz respeito à mantença da união estável.

Primeiramente, é mister salientar a importância que o legislador deu às uniões matrimoniais. Nesse diapasão, destaca-se que a Carta Magna, ao que parece, estabeleceu em leitura apressada proteção maior ao casamento do que ao instituto da união estável. Tanto é assim que o constituinte, na redação do §3º do artigo 226, reconhece a união estável entre homem e mulher, mas ressalva o fato de que deve a lei "facilitar sua conversão em casamento".

Assim, a lei, supostamente, equiparou os efeitos de ambos os tipos familiares, todavia colocou em posição hierárquica superior o casamento, pois sugere que a transformação da união estável em casamento deva ser facilitada, como se esta fosse melhor ou mais segura que aquela. Tem-se que tal sugestão para a inserção no texto constitucional foi objeto da Igreja, para que não se estimulasse a manutenção do status da união estável, mas sempre induzisse ou sugerisse aos conviventes a transformação de sua relação afetiva informal num casamento formal.

Ocorre que o casamento dá ares de maior certeza, fixando o intuito matrimonial da união perante a sociedade – os casados assim exteriorizam seu estado civil. Já aqueles que vivem em união estável identificam-se como solteiros, pois não temos nos costumes a utilização da terminologia jurídica "convivente" como termo oficial numa qualificação de partes que mantêm uma união estável, seja num ato público, escrituras ou congêneres.

Portanto, quando um casal vive em união estável e está em dúvida quanto a transformá-la ou não em casamento, o advogado especializado em família deve expor esse aspecto, buscando compreender se o casal está confortável ou não com esse tipo de divergência público-opinativa.

Deve ser destacado que o casamento, em regra, traz maior certeza e estabilidade quanto aos aspectos da vida social, patrimonial e particular dos indivíduos envolvidos, pois as partes aderem aos termos legislativos que envolvem a realização do ato solene do casamento.

No que tange ao aspecto patrimonial, destaca-se que, para os casados que pretendem se separar, é muito mais fácil estabelecer a data que marca o início da união, por conta da certidão de casamento, e daí analisar, a partir do regime de bens vigente, qual divisão deve prosperar. Já na união estável, a divisão patrimonial torna-se complexa quando não há consenso quanto às datas inicial e final envolvidas pelas partes. Não havendo escritura declaratória da união, resta a palavra dos conviventes e o conjunto probatório por estes trazido aos autos para determinar quais bens foram adquiridos na constância da união e, por isso, devem ser divididos, em acordo com o regime de comunhão parcial de bens estabelecido como modelo para a união estável, que não conta com declaração estabelecendo regime diverso.

Por conseguinte, certo é que é muito mais simples estabelecer a divisão patrimonial numa ação de divórcio do que numa ação de reconhecimento e dissolução de união estável, vez que, naquela, o regime de bens e o momento da aquisição do patrimônio é muito mais fácil de ser comprovado e discutido do que nesta, haja vista a documentação realizada no momento da habilitação matrimonial, ausente em muitas relações entre companheiros. De tal modo, quando o cliente se mostra convicto em não casar, mas sim viver em união estável, é primordial que o advogado que lhe preste assistência o estimule a fazer a escritura declaratória da união estável, para evitar qualquer problema quanto à futura e possível divisão do patrimônio, além de, principalmente restar estabelecido o regime de bens[13] que melhor coadune com a vontade das partes, marco inicial da união.

---

13   Há, basicamente, três regimes de bens: comunhão universal de bens, comunhão parcial de bens e separação de bens. Existe uma quarta opção, o regime da comunhão dos aquestos, mas é inusual.

	COMUNHÃO UNIVERSAL DE BENS	COMUNHÃO PARCIAL DE BENS	SEPARAÇÃO DE BENS
Bens adquiridos antes do casamento	*se comunicam*	*não se comunicam*	*não se comunicam*
Bens adquiridos depois do casamento	*se comunicam*	*se comunicam*	*não se comunicam*
Herança e doações	*se comunicam*	*não se comunicam*	*depende do texto originário*
Necessidade de pacto lavrado em cartório	*sim*	*não*	*sim*

Caso os clientes optem por transformar a união estável em casamento, é essencial que o advogado lhes alerte para o fato de que, no futuro, caso ocorra possível separação do casal, continuará a ser importante ter firme a data em que constituíram união estável, porque, a despeito de estarem casados, sendo cônjuges, foram um dia companheiros, fato que provavelmente o advogado daquele que detém maior interesse patrimonial não esquecerá ao discutir essa questão material.

Ao se tratar da questão sucessória, de relevância extrema no que diz respeito à decisão do casal de manter união estável ou se casar, ressalte-se que somente dois artigos do Código Civil se referem ao Direito Sucessório dos companheiros (art. 1.790 e 1.844). E, não bastasse isso, ainda não houve reconhecimento expresso do companheiro na qualidade de herdeiro necessário (artigo 1.845 do Código Civil), muito embora haja na doutrina e na jurisprudência muita discussão a esse respeito – pois se intentou na Constituição Federal equiparar os efeitos do casamento e da união estável; em dissonância estaria o Direito Sucessório, ao tratar de modo tão desigual os cônjuges e os companheiros.

Como sabemos, o Novo Código Civil ingressou no ordenamento jurídico pátrio em 2003 e ainda está engatinhando, dando origem às múltiplas interpretações de suas normas, principalmente com relação àquelas que envolvem as comunicações patrimoniais de bens adquiridos antes, durante e depois do casamento, não importando o regime de bens a ser optado pelas partes.

Assim pensando, temos as genéricas dúvidas no regime legal brasileiro e no regime da comunhão parcial com relação à participação do cônjuge supérstite[14] na concorrência ou não com os herdeiros necessários, bem como na participação dos bens de raiz[15] se existir herdeiros colaterais, o mesmo ocorrendo no regime da separação formal de bens dos casados, antes da vigência do Novo Código.

Em suma, em matéria de sucessões e mesmo nas dissoluções, onde se discute se, além de meeiro, o remanescente também é herdeiro, esses aspectos diariamente batem às portas dos especialistas em Direito de Família, que devem orientar seus consulentes na fase que antecede o casamento, para a formalização de um pacto antenupcial ou de uma escritura declaratória de união estável. E, na hora da escolha do regime

---

14 Sobrevivente.
15 Imóveis.

de bens, devem ser levados em consideração múltiplos aspectos, principalmente os relacionados aos antecedentes dos clientes: se solteiros, se divorciados, se simplesmente separados; e nos deixando, por fim, a séria decisão para as opções de formalizar uma união estável, mantendo-a, ou se casar.

3.4 PACTO ANTENUPCIAL

Ultrapassadas as questões prejudiciais que podem anteceder ao matrimônio, tendo o cliente decidido pelo casamento, é papel primordial do advogado de família aconselhar sobre o melhor regime de bens a vincular as partes.

Assim, analisando a situação econômica dos interessados, o advogado aconselhará seu consulente sobre o regime de bens, prosseguindo com a redação de pacto antenupcial. Esse pacto nada mais é que uma manifestação de vontade dos nubentes materializada por uma escritura pública, na qual estabelecem quais regimes de bens escolheram, além de outras disposições patrimoniais acordadas entre eles. É de suma importância a escolha acertada do regime de bens para que, em momento posterior, não venham os futuros cônjuges a brigar deliberadamente em função do patrimônio.

No entanto, esse pode ser ponto delicado para os nubentes – é que nessa fase, em regra, nenhum dos dois cogita problemas futuros. É comum que esqueçam a possibilidade de separação, resultado corriqueiro da efemeridade das relações, e deixem de se preocupar com as questões patrimoniais. A máxima "o que é meu é seu" é traiçoeira quando não consciente da problemática futura que pode envolver, motivo pelo qual o assunto deve ser tratado abertamente com o advogado de família, sem pudores e expectativas sonhadoras. É essencial que o advogado force o cliente a observar a realidade fática, prevenindo-o de futuros problemas.

PARA A ESCOLHA do ideal regime de bens, o advogado de família deve estar atento às condições econômicas, sociais e culturais que cada um dos nubentes possui em particular, suas previsões de crescimento profissional, a intenção que possuem com relação ao patrimônio, se comunicativo ou não, e, de suma importância, às expectativas sucessórias.

Essas questões devem ser analisadas caso a caso, ante a peculiaridade de cada família, mas devem ser pensadas, repensadas e expostas pelo advogado aos seus consulentes.

Nessa fase é muito comum a interferência dos familiares dos nubentes. A família de um pode ser extremamente rica em proporção inversa a do outro. Nesse caso, casar em comunhão universal de bens pode representar desconforto aos futuros cônjuges, criando desde já um dissabor com a família ante a aversão da mesma a esse tipo de regime. Por outro lado, casar em separação de bens pode representar uma afronta a todo apoio que um nubente dá ao outro, sem o qual os ganhos patrimoniais não poderiam existir.

RECORDO-ME NA VIDA profissional de um fato que se traduzia na expressão popular "golpe do baú". Uma jovem conhece um bonito homem do interior do estado do Rio de Janeiro que se dizia fazendeiro em Campos dos Goytacazes e amigo dos grandes políticos da região. Ela, filha de pais funcionários públicos de autêntica classe média, proprietários de dois imóveis em Copacabana. Marcaram a data do casamento e ele pede para a noiva ser sua avalista na aquisição de uma motocicleta. Ela, em confiança, firma o documento. Foram passar a lua de mel em Salvador, na Bahia, como presente de um dos padrinhos, chefe da seção de trabalho do pai da noiva. Ao voltar, foram viver no apartamento que havia recebido de presente dos pais em Copacabana, na quadra da praia da rua Duvivier. No primeiro final de semana, o já marido telefona para os amigos de Campos convidando-os para passar de sexta a domingo em seu apartamento novo de Copacabana. Hospedam-se dezesseis amigos no apartamento de poucos cômodos e apenas um banheiro. O casal não tinha liberdade de circulação em casa. Os hóspedes adormeciam alcoolizados em todos os espaços. Findo esse evento, com apenas dois meses de casados, um oficial de justiça vem apreender a motocicleta adquirida com o aval da, na ocasião, noiva. Ele se ausentava todas as noites chegando pela manhã em casa, dizendo que estava trabalhando para políticos de sua cidade, tomando conta de suas mulheres e filhos aqui no Rio de Janeiro. A verdade vem à tona e se verifica que ele era um guarda noturno e não o sonhado fazendeiro, criador de gado de Campos, que não tinha condição nenhuma de assumir seriamente uma família. Assim, o golpe do baú foi descoberto e anulado o casamento tempos depois. É por isso que dizemos que o advogado de família é essencial para que, a partir de sua prática e vocação, possa detalhadamente perceber vantagens e desvantagens em cada tomada de decisão de seus clientes e alertá-los.

Outra questão que também deve ser esclarecida pelo advogado ao seu cliente diz respeito a bens que integram o patrimônio do nubente, advindos de herança. Nesse caso, dependendo do regime de bens escolhido, pode ser que o cliente acredite que aquele valor um dia venha integrar por meação, caso se separem, seu próprio patrimônio. É importante que o advogado esclareça o que é a incomunicabilidade[16] dos bens advindos de herança, de doações e sub-rogação, para que seu cliente não escolha um regime de bens embasado em expectativa infrutífera.

Voltamos a repetir que somente o regime da comunhão parcial de bens, ou seja, o regime legal brasileiro, não necessita da lavratura de escritura de pacto antenupcial. Noutro aspecto é sempre importante alertar que o pacto lavrado deve ser seguido do casamento, pois ultrapassados trinta dias da sua realização cartorária passa a não ter mais validade.

---

16 A incomunicabilidade de bens significa que o bem de um cônjuge não passará para o outro, não se comunicará com o do outro cônjuge.

Capítulo 4
— *A Importância do Advogado de Família Durante o Casamento*

UMA VEZ CONSCIENTEMENTE CASADOS, o advogado de família continua sendo uma figura de extrema necessidade para as partes. Certas peculiaridades só surgem na constância do casamento e, por isso, nem sempre podem ser antevistas e solucionadas como em momento anterior ao matrimônio.

DUAS PESSOAS QUE antes eram desconhecidas agora se unem na constituição de uma família. Nos fatores comuns ao dia a dia, ambos devem ceder aos caprichos e dialogar sempre, como remédio para ser mantido o nível mais harmônico possível entre o casal.

No entanto, a despeito do esforço dos cônjuges durante o casamento, é comum a ocorrência de crises, algumas simples e outras sérias, quando geralmente o advogado de família tem que ser mobilizado. É nesse momento que a especialização se enobrece, porque na busca de um profissional genérico ou de outra especialidade, o destino pode ser cruel às partes, pois carece o advogado não afeito a esse ramo de alguns dons na oitiva e na diretiva que deve tomar em relação aos seus consulentes.

É muito fácil separar um casal! Difícil é a reconciliação, que depende da habilidade e do nível de sensibilidade do profissional escolhido. Nessa fase, a má escolha leva a um desastre, tanto no afastamento de uma possibilidade conciliatória, como também na confecção eventual do texto de uma separação consensual, de um divórcio ou mesmo de uma dissolução de união estável. Uma vírgula mal posicionada pode ser a cruz eterna de um casal mal orientado. É por esse motivo que somos poucos os especialistas neste ramo, repito sempre, o mais humano de todos os direitos.

Numa fase de aquisição de um novo bem imóvel, na venda, a busca pelo advogado de família é de suma importância, pois ele irá estudar o texto do pacto antenupcial e analisar se a aquisição é pura, com valores advindos de aplicações ou rendimentos durante o casamento, ou originária de outros bens incomunicáveis que foram vendidos justamente para a aquisição de novo patrimônio, portanto, uma clássica sub-rogação que, chamada a atenção na escritura de compra e venda, não levará à riscos o novo patrimônio adquirido, esteja o casal vivenciando o regime da comunhão parcial de bens. Quem sabe se a origem desses valores para a nova compra veio do pai ou da mãe de um dos cônjuges, cuja soma será explicitada como doação na declaração de rendimentos da parte adquirente e na do doador, portanto, também se criará outro bem incomunicável.

4.1 NEGÓCIOS ENTRE CÔNJUGES

Com relação às doações que um cônjuge tenha a pretensão de fazer a outro, o advogado de família deve tomar cuidado e estar atento, porque o ato, superficialmente analisado, pode parecer simples, mas está bem longe disto.

Para que o negócio jurídico pretendido possa ser válido e eficaz, será necessário avaliar o regime de bens que rege o casamento das partes, pois só quando não há comunicação patrimonial entre os cônjuges poderá haver doação entre eles. Ademais, deve ser analisado também o patrimônio do doador, para que seja verificado se a doação será inoficiosa, se haverá adiantamento de legítima.[17]

A comunhão de vida, que é o casamento enquanto estado, deve existir no duplo plano, pessoal e patrimonial. A disponibilidade de cada um dos cônjuges perante o outro, que é o reflexo do amor e consubstancia a comunhão de vida, deve ser uma disponibilidade da pessoa e dos bens de cada um dos cônjuges. Quando o regime de bens a reger, o casamento envolve comunhão patrimonial, como na comunhão universal e na comunhão parcial, não pode haver doação entre os cônjuges, porque na comunhão há uma *confusão* patrimonial. Uma doação entre esses cônjuges permitiria que o patrimônio que lhes é comum não fosse mais comum, o que não é possível frente ao regime de bens em epígrafe. Em outras palavras, se há comunicação entre os bens, o fato de haver uma doação entre eles seria ineficaz, pois continuaria o bem doado comunicável ao patrimônio de ambos, e qual o efeito da doação senão passar um bem integralmente a alguém?

---

17 Adiantamento de legítima é o adiantamento da herança ao qual a pessoa terá direito quando o doador vier a falecer.

Apenas quando há a separação formal de bens a doação pode ser válida e eficaz: o patrimônio que era exclusivo de um passará a ser exclusivo de outro. Não havendo a separação dos bens, a doação é impossível, pois se estaria ferindo o intuito primordial do regime de bens com comunhão. Saliente-se também a possibilidade da doação em qualquer regime caso o bem seja particular e, portanto, não faça parte da comunhão (no sentido literal da palavra) de bens entre o casal.

E, nesse diapasão, ressalte-se: apenas com a alteração do regime de bens – atualmente possível – com a morte de um dos cônjuges, ou com a separação ou o divórcio extingue-se o casamento nos termos pactuados. Portanto, apenas se houver mudança de regime para a separação formal de bens, ou se os cônjuges separarem-se ou divorciarem-se, será válida a doação entre eles, porque, nesses casos, não comungam de patrimônio que se confunde, podendo transferi-lo um ao outro, nos limites da lei.

No caso de filhos, eles herdam quando seus pais morrem. Se você antecipa em vida e doa com reserva de usufruto, o filho é o novo proprietário ou nu proprietário, e vocês passam a ser usufrutuários. Se, depois, você tem um problema sério de saúde ou financeiro, acabou a sua fonte de renda e você precisa dispor daquele bem, o filho, casado ou convivendo com alguém, ou mesmo vivendo na propriedade, pode dizer "lamento, mas não assino". Aí você vai procurar um advogado para ver se pode anular a doação. Para fazer isso, são necessários fatores e elementos muito violentos, que não compensam. Aí você vai pensar "Estou com raiva desse filho e vou deserdá-lo". O ato de deserdar é muito sério e não é o caso.

Agora tenho um caso complicado. Os pais são muito ricos e querem antecipar a legítima de todos os filhos para poder pagar menos imposto. Mas não é assim. Paga 4% de imposto, 2% agora e 2% quando morrer. Vão pagar por volta de 1% de advogado, vão gastar uma fortuna com despachantes na obtenção de certidões negativas dos imóveis e das partes, mais Cartório de Notas e de Registro, e, no final, como eles querem fazer uma doação em torno de 10 milhões, o custo deles vai ser de 4%, ou seja, 400 mil reais, mais 1% e outras despesas. Enfim, eles vão despender uns 600 mil reais. Será que compensa? Entendo que não. Manter o patrimônio é mais seguro para os pais na reta final de suas vidas.

4.2 AQUISIÇÃO OU COMPRA DE NOVOS BENS

OUTRA QUESTÃO QUE também pode ensejar necessidade de consulta com o advogado de família durante a vigência do casamento diz respeito à aquisição de novos bens. O casal, por conta própria, não sabe se é melhor que o imóvel fique no nome dos dois ou de um deles e que implicações isso pode gerar no futuro.

A previsão prática e objetiva que permeia a análise de tais questões cria óbice a possíveis problemas futuros, tanto no que diz respeito à esfera do Direito de Família, particularmente, quanto no que diz respeito ao Direito Sucessório.

É importante destacar que esse tipo de consulta feita pelos cônjuges ocorre normalmente em proporção ao quanto confiam no advogado de família escolhido. Caso visualizem o advogado como ético, e, antes de tudo, antecipador de problemas, sempre no intuito de melhor organizar juridicamente a estrutura familiar, certamente o procurarão para realizar uma operação desse tipo, sendo corretamente informados do procedimento a seguir. É muito comum, por exemplo, nos regimes de comunhão parcial de bens, adquirir-se um novo imóvel com valores anteriores advindos de sub-rogação ou doação e, na escritura de aquisição, não se fazer tal ressalva. Uma eventual separação do casal poderá levar à discussão se tal bem constituiria um aquesto ou seria mantido ainda com o status de incomunicável.

No âmbito do crescimento ou mesmo nas alienações patrimoniais, o advogado de família tem que se fazer presente nas consultas aos casais, como elemento orientador dos problemas em tal ramo, e também na preparação das relações sucessórias das partes diante de seus filhos ou ascendentes.

4.3 MUDANÇA NO REGIME DE BENS

TAMBÉM É ESSENCIAL a presença do advogado de família na constância do casamento quando os cônjuges decidem mudar o regime de bens anteriormente estabelecido.

Nesse caso, o advogado deverá fazer análise subjetiva quanto aos motivos ensejadores de tal ato, tentando sempre compreender o incentivo que levou a tal decisão sob o prisma psicológico e social, e, posteriormente, uma vez certo da justa vontade das partes, proceder à análise objetiva da questão, buscando a viabilidade jurídica do ato.

Tal opção é uma novidade nos termos do Novo Código Civil em vigor e tem trazido muitas divergências interpretativas e o fator do crescimento da resistência para a resolução volitiva das partes pelo próprio Poder Judiciário. São tantas as exigências habitualmente formuladas que a alteração de regime, que poderia ser simples, toma o tempo algumas vezes superior a um ano de tramitação nos Juízos de Família, encarecendo em muito para o casal o custo dessa modificação.

SÃO QUATRO OS REQUISITOS que a lei elenca para a modificação do regime de bens:

1 **Ingresso do pedido via judicial por profissional habilitado**
Não basta aos cônjuges dirigirem-se até o Cartório de Registro Civil para efetuar a modificação, devendo o pedido ser feito por profissional habilitado, ou seja, advogado, pela via judicial, sendo o ideal um especializado no campo do Direito de Família.

2 **Pedido motivado de ambos os cônjuges** É preciso que o pedido de modificação de regime de bens seja motivado, expondo o interesse dos cônjuges com a mudança,

atentando-se para o fato de que tais motivos têm de ser fáticos e reais, e não apenas hipotéticos. Ressalte-se também que a justa motivação interliga-se com o fato de o pedido de modificação de regime vir de ambos os cônjuges. Não poderia um dos cônjuges, no intuito apenas de auferir benefício financeiro futuro, ingressar com o pedido. O regime de bens constante do pacto antenupcial, ou mesmo no silêncio desse, aquele elencado pelo Código Civil, não comporta mutação apenas por uma das partes em hipótese alguma.

3 **Mediante autorização judicial, apurada a procedência das razões invocadas** O magistrado proferirá sentença homologatória do pedido de alteração. No entanto, caso não autorize o pedido, restará ao advogado apelar de tal sentença.

4 **Ressalva dos direitos de terceiros** O regime de bens inicialmente escolhido pelo casal é objeto de Registro Público (art. 70, "7", da Lei nº 6.015, de $3_1._12._1973$), servindo o mesmo, dentre outras utilidades, para que terceiros possam defender seus interesses diante da nova situação de fato e de direito ocorrida, porque, com o casamento, dependendo do regime de bens escolhido, a falta de autorização de um dos cônjuges pode acarretar a anulabilidade do ato praticado pelo outro cônjuge, ou por seus herdeiros, até dois anos depois de terminada a sociedade conjugal (art. $_1.649$ e $_1.650$, do Código Civil). Em razão disso, acertada é a ressalva da legislação civil quanto aos direitos de terceiros no que tange à modificação

de regime. Tal dispositivo proíbe que, por meio de uma modificação de regime, venham os cônjuges a prejudicar credores, herdeiros ou mesmo qualquer pessoa a quem o regime inicial de bens tenha extrema importância.

Salienta-se também, por oportuno, que aqueles casados pelo regime da Separação Obrigatória de Bens não podem ingressar com o pedido de alteração do regime. O legislador obrigou tais pessoas (as casadas com os impedimentos descritos no artigo 1.523, do Código Civil; a pessoa maior de sessenta anos; todos os que dependerem de suprimento judicial para casar) a contraírem núpcias sob a égide deste regime, o que difere do regime da Separação de Bens Convencional, na qual os nubentes, isentos de qualquer dos impedimentos anteriormente mencionados, decidem sobre a incomunicabilidade de seus bens e dívidas, anteriores e posteriores ao casamento. Esses últimos poderão, se motivados e assistidos por advogados, ingressar judicialmente com o pedido de modificação de regime.

4.4 AS DIVERGÊNCIAS MAIS COMUNS E EVENTUAIS DISCUSSÕES FINANCEIRAS

Hipótese que muito frequentemente se transforma em realidade diz respeito à perda do poder aquisitivo do casal. Lembra o adágio popular: "Quando a miséria bate na porta, o amor se vai pela janela."

> SÃO REALIDADES NO ambiente conjugal as crises nas alterações tanto de aumento repentino de fortuna quanto de perda do status que a família anteriormente mantinha.

Tais aspectos trazem o desgaste ao casal, podendo gerar inúmeras brigas face ao desespero da mudança da condição econômica. O advogado de família, nesse tocante em especial, adquire papel de conciliador e conselheiro, mostrando às partes objetivamente a realidade em que vivem, buscando sempre soluções que antevejam as problemáticas futuras.

Quando a condição financeira de um dos cônjuges aumenta e o outro cônjuge não se vê beneficiado diretamente, o ambiente familiar começa a borbulhar de animosidade, gerando intensas brigas. É comum que, em um rompante, aquele que se sente prejudicado procure um advogado querendo separar-se e, a partir daí, garantir as vantagens por meio de meação e até pedido de alimentos. Em situações desse diapasão, a ética do advogado deve impulsioná-lhe por meio do diálogo, dissuadindo primeiramente o cliente de seu intuito separatório. O mais comum, contudo, é o casal brigar pela falta do dinheiro, por um achar que o outro tem gastos desnecessários e exorbitantes, ou faz má aplicação dos recursos que tem. Nesses casos, como no exemplo acima elencado, um desgaste impulsiona a precipitação de uma separação.

A separação somente deve ser feita quando não há possibilidade reconciliatória do casal, quando acabou o amor, tornando insuportável a vida em comum. O intuito muitas vezes apressado, embasado numa infantilidade, na ganância financeira de uma parte, deve ser repelido pelo advogado sério e ético, até porque é bem provável que, após um tempo, já acostumados com a nova realidade de vida, o casal volte a estar bem e satisfeito, fazendo concessões maiores um ao outro – o que torna muito mais fácil tal fato é o acompanhamento do advogado especializado em família.

Voltamos a repetir que o advogado deve analisar o problema, inclusive verificar se alguns aspectos de desequilíbrio de ordem psíquica estão instabilizando o casal, ocasião em que deve orientar as partes ou seu constituinte na busca de um profissional especializado. A separação ou o divórcio é um remédio após esgotadas as tentativas reconciliatórias e não a solução imediata para um casal em crise.

4.5 O ABANDONO DA CARREIRA PELO CÔNJUGE MULHER

Outra situação que pode vir a ensejar a necessidade dos conselhos de um advogado especializado em família é a decisão da mulher de não mais trabalhar, hoje inclusive ocorrendo também com o varão (marido), se mantendo desempregado, quando sua parceira tem estabilidade no labor. Tal exemplo se dá visando a obtenção de tempo para cuidar da casa, dos filhos, ou por não ver necessidade de um cônjuge trabalhar, quando o outro pode prover a família com sustento digno e de acordo com a classe social em que se inserem.

Nesse caso em particular, é necessário que o advogado faça advertência à parte interessada do peso dessa decisão em futuro processo sobre alimentos, caso venham a se separar. Ocorre que, em geral, quando, a pedido do varão, o cônjuge virago (mulher) abre mão de sua carreira e vida profissional, o *quantum* que deverá a mesma a título de alimentos pode ser maior e perdurar por mais tempo – caso a mesma tenha que se inserir novamente no mercado de trabalho; ou por tempo longo e indeterminado – na hipótese da mesma já estar em idade avançada ou não houver, por qualquer razão, meio de inseri-la no mercado de trabalho. Nesse caso, apenas o novo casamento da mulher encerrará a obrigação alimentícia.[18]

Com relação ao outro polo da decisão em tela, o advogado de família precisa alertar as partes dos perigos de abrir mão de sua carreira e, consequentemente, de seu próprio provento, pois se tornará dependente demais do outro cônjuge, o que pode ensejar diversas consequências, boas ou más, estimulando um enfraquecimento na relação conjugal, levando muitas vezes à separação.

---

18 Obrigação alimentícia é a pensão alimentícia, ou alimentos.

Capítulo 5

Filhos: Deveres, Relacionamento e Preparo Educacional

COM O NASCIMENTO dos filhos, o casal assume as novidades dos deveres comuns advindos do ato jurídico do casamento, desde o nascimento, não se limitando aos cuidados iniciais nos primeiros dias de vida, mas ao acompanhamento durante a infância, a adolescência e mesmo na fase do início da maioridade até a finalização do curso universitário. Tudo isso sem contar o período de orientação na fase de início de puberdade, namoros, compromissos, formação inicial de novo núcleo familiar até a orientação ao casamento ou estabelecimento de uma união estável dos filhos.

É MUITO IMPORTANTE que o casal esteja ciente de todos os deveres que terá com os filhos por conta do poder familiar atribuído. Não se restringe ao plano social e familiar o dever de educar, instruir, sustentar e cuidar dos filhos. A Constituição e toda a legislação civil apregoam tais deveres, fazendo com que os mesmos deixem de ser simples atribuições de pais para se tornar verdadeiras obrigações legais, com sérias consequências no caso de descumprimento.

O advogado de família também tem importante atuação nessa fase, podendo orientar para evitar muitos problemas futuros, até mesmo na programação para o nascimento de um filho. E, na impossibilidade de tê-los naturalmente, para a orientação numa adoção, para a fertilização *in vitro* e a inseminação artificial, homóloga ou heteróloga, até mesmo no caso da necessidade do estudo ou análise de um contrato de locação de um útero para gestar um óvulo fecundado de forma artificial por ambos, doado ou adquirido por terceiros em bancos especializados.

Noutro aspecto, se um dos cônjuges deseja muito um filho, mas o outro não está tão certo da decisão, ter esse filho pode não só causar o desgaste da relação, como pode ter reflexos em processo de alimentos e/ou de guarda.

5.1 O FUTURO DA HUMANIDADE

Acredito que, futuramente, a menina, ao atingir 18, 19 anos de idade, irá a um banco de óvulos, retirará todo o seu aparelho reprodutivo, separará uns 25 a 30 óvulos, e pronto. Ela não terá mais menstruação, TPM, nada disso que muito incomoda. Em seguida, o rapaz também irá ao banco de esperma, colherá algumas pipetas de sêmen, guardará, e assim não terá risco de uma gravidez inesperada, risco de levar golpe de alguma mulher engravidando. E o futuro será: eles vão namorar, noivar, casar e, quando resolverem ter filhos, vão procurar um orientador genealógico ou genético, vão explicar a situação, dar o nome dos gerentes dos bancos (de esperma e óvulo) de cada um e dizer:

"Queremos ter um filho loiro, com porte atlético, com facilidade para idiomas, intelectual...". O médico então vai ligar para o gerente de cada um e pedir: "Separe para mim, por favor, um sêmen/ um óvulo com tais características, que eu vou cruzar os dois." Depois da inseminação, será levado à clínica que irá gestar, porque, futuramente, a gestação será em uma máquina. O preço variará de acordo com o tempo que o óvulo ficará ali – se for prazo normal, pagará um preço x; se for em três meses, pagará taxa de urgência. A criança ficará envolvida em líquido amniótico, cheio de vitaminas, sais minerais, um preparo maravilhoso... nascerá uma criança de quatro quilos. Uma criança forte, grande, maravilhosa, sã, perfeita. E não haverá dor, esforço, nada. Os pais vão receber uma ligação: "Seu filho já está prontinho. Pode vir buscar."

No presente, os problemas podem ocorrer quando se tem um embrião congelado. Quando se tem só o óvulo ou só o esperma, cada um é dono do seu, mas o embrião é dos dois. Então o que acontece quando o casal se separa e o embrião está congelado? Ou, o que é pior, quando o homem morre e a mulher quer fecundar o filho, mas a família dele não quer deixar, ou ainda quando a filha morre, e a mãe, avó do embrião, no caso, quer gestá-lo, mas o pai não quer. Essa discussão é longa! Cabe uma orientação aqui sobre uma consulta a um advogado com relação ao que fazer com o embrião em caso de morte de uma das partes, antes disso acontecer.

Capítulo 6

— *O Advogado de Família Após o Casamento e a União Estável*

TODAS AS RELAÇÕES familiares são muito complexas, pois, em geral, são guiadas por reações a emoções e raramente por racionalidade. Assim, o papel principal do advogado de família jamais pode se resumir a entender os trâmites jurídicos de cada ação pertencente ao Direito de Família.

> ESSE PROFISSIONAL do Direito precisa analisar e compreender as questões humanas e sentimentais que dão ensejo aos problemas, para tentar sempre a prevenção dos mesmos, remediando quando necessário, seja pela forma consensual e, em última hipótese, por meio de litígio, mas, durante o mesmo, tentando revitalizar a concórdia num acordo.

Ninguém sai vitorioso num litígio, perdem as partes com o desgaste e perdem os advogados, pois se enganam aqueles que imaginam que esses lucram nos embates nos Juízos de Família. Nas crises conjugais, somos nós, os advogados de família, que tomamos o primeiro contato com o cliente, o qual, conforme já debatido, deve expor de forma liberal e aberta, sem qualquer inibição, os fatos e problemas que levaram à crise conjugal. Assim, na consulta, muitas vezes precisamos alçar voos pelas ciências afins que estudam o interior do ser humano. Para tanto, não nos despimos da beca nem deixamos de lado a bibliografia jurídica, mas somos obrigados a nos embrenhar também pela leitura psicoterapêutica como elemento de apoio, para adquirirmos a capacidade de análise global da situação, tão particular e íntima, que preocupa o cliente.

A ansiedade, o desgaste sofrido pelo vislumbre do fim de um relacionamento e, muitas vezes, a raiva atrelada a esse fim da relação conjugal são fatores que fazem com que o advogado de família precise decodificar a real intenção do cliente, para que só então o aconselhe juridicamente, pensando e sopesando as melhores estratégias jurídicas para um acordo. Ou, quando assim não for possível, o início de um litígio. Isso porque, muitas vezes, influenciado pelas fortes emoções inerentes ao ser humano, especialmente no que diz respeito aos relacionamentos familiares, o cliente antecipa um fim que seria evitável – nesse momento, o papel ético do bom advogado de família pede conduta muito analítica, para decifrar se realmente lhe está sendo apresentado caso em que a separação do casal é inevitável, ou se há salvação para a relação, criando a obrigação da indicação de um bom psi, com experiência em terapia familiar.

Também é importante elucidar que, findas as questões atinentes à separação, ao divórcio e até à questão da pensão alimentícia, o advogado não deverá considerar-se exonerado daquele cliente, dando o caso por encerrado. Certo é que, uma vez estabelecida a confiança, o respeito e o apreço pelo trabalho que o advogado prestou, aquele cliente lhe será eterno: seja por novas questões familiares ou sucessórias, advindas de casamentos posteriores, revisão ou exoneração de alimentos, planejamento sucessório, testamentos, inventário; seja advogando para a nova geração da família, como os filhos e netos, que, atentos ao modo como o advogado conduziu o processo de seu familiar, não hesitarão em contratá-lo com confiança quando as questões atinentes às suas famílias baterem à porta.

6.1 A SEPARAÇÃO DE FATO

O casal não está bem, está instável, muitos atritos, falta de respeito. Então não há outra alternativa senão a separação. O fato de um dos cônjuges sair de casa já começa a contar como período de separação de fato. No Código Civil Brasileiro, o artigo 1.830 estabelece que um só herda do outro ou um só tem participação comunitária em patrimônio se estiverem vivendo juntos. Estabelece que, quando a separação de fato já tem mais de dois anos, eles têm total independência, é como se não fossem casados. A jurisprudência brasileira já antecipa essa separação, então, hoje, com seis meses, ou com intenção absoluta, definitiva de um deles de sair de casa, o liame já foi rompido e é possível até partir para uma união estável com outra pessoa. É muito comum, quando se vai fazer uma escritura pública, o tabelião perguntar o estado civil. Se casado, pergunta-se "mas o senhor está separado de fato?". Isso é básico. Porque se ele estiver separado de fato, o bem que foi comprado antes da separação de fato vai necessitar da assinatura dela, se forem casados pelo regime da comunhão universal de bens ou da comunhão parcial de bens. No regime da separação de bens, não é preciso que o ex-cônjuge assine.

6.2 A INTERVENÇÃO DE UM PSI – ANALISTA, TERAPEUTA OU PSIQUIATRA

É BÁSICO E IMPORTANTE para o advogado de família saber que seu cliente está sendo assistido por um terapeuta. Ou, caso não esteja, orientá-lo para tal, notadamente nessa fase crítica inicial, em que o excesso de ansiedade, angústia, carência ou rejeição poderá agravar sua situação e comportamento psicológico.

Na entrevista com o cliente, pelo seu modo de trajar, pelo comportamento diante do advogado com vivência nesta especialização, passamos a detectar casos habituais de esquizofrenia e de psicoses maníaco-depressivas, com suas múltiplas características. É que o advogado de família tem instintivamente uma percepção diagnóstica sobre o tipo de ansiedade, angústia ou a origem do ódio expressado ou contido pelo cliente.

Importa esclarecer que a função do advogado está limitada ao aconselhamento e orientação jurídica. Daí, ser imperioso estar sempre familiarizado com os cientistas afins – da psiquiatria, da psicologia e da psicanálise – para encaminharmos nossos clientes, dependendo do caso que apresente, mas buscando sempre o necessário e útil apoio nessas horas críticas que vivenciam.

JAMAIS O ADVOGADO de família deve agir de modo a decidir sobre o destino separatório de um casal. Assim, ao sentir alguma insegurança de nossos clientes ou uma possibilidade, mesmo remota, reconciliatória, isso deve ser verbalizado e demonstrado objetivamente ao cliente, mas sob forma de aconselhamento e nunca de imposição.

Quando indicamos e aconselhamos o apoio do cientista do interior humano e temos a oportunidade de conversarmos telefonicamente, nosso dever profissional não se conflita com a ética, no que tange aos aspectos do sigilo que deveria reinar. Ao contrário, temos que revelar ao cientista afim detalhes que julgamos significativos para a solução do problema que teremos de solucionar em conjunto. Enfim temos um só cliente/paciente, e os problemas envolvidos serão amenizados por cada profissional, na sua área, em dedicação direta e exclusiva ao atendimento tão clamado. Não poderá existir sigilo entre o advogado de família e o cientista que lida com o aspecto do interior do cliente/paciente.

O cliente que recebe um apoio terapêutico ou é analisado favorece o trabalho do advogado de família, pois é menos ansioso e sabe colaborar de forma objetiva para a solução do impasse conjugal, o que faz também com maior segurança – e essa segurança do cliente com relação ao seu desejo é que dará a certeza ao advogado de estar trabalhando com o viés correto e adequado à situação.

Muitas vezes, alguém bate aqui na minha porta e eu digo "O senhor bateu na porta errada". Aqui no andar tem uma boa psicóloga. No meu antigo escritório também tinha um excelente. Era Paulo também. Eu brincava que a pessoa tinha batido na porta do Paulo errado. Veio procurar o Paulo Sauberman, muito bom psicanalista. E a pessoa ia para lá e resolvia.

6.2.1 A NOVIDADE DA ALIENAÇÃO PARENTAL E SUAS CONSEQUÊNCIAS

O litígio entre os pais tem, em sua pior faceta, o impacto negativo nas crianças advindas daquele relacionamento. Ainda que haja, hoje, consolidação do divórcio no país e a estabilização das modernas formas de convivência familiar, a separação (fim do relacionamento) continua a ser experimentada por alguns como fracasso pessoal, o que acaba por provocar papéis de vítima e algoz a serem interpretados entre os conviventes, que, em diferentes níveis, acabam por passar o peso dessa briga aos filhos.

A chamada alienação parental é uma das mais extremas consequências da litigiosidade advinda da dificuldade de distinção, pelos ex-cônjuges, do exercício do papel da conjugalidade, do papel da parentalidade – uma vez findo o relacionamento, com a raiva instaurada entre os genitores, um deles pode transferir ao filho a raiva que sente de seu ex-parceiro, o que, invariavelmente, acaba por afastar a criança de um de seus genitores. Em 80% dos casos, o alienante geralmente é a mãe.

Tecnicamente, o psicólogo norte-americano Douglas Darnell[19] define como o fenômeno da combinação de sintomas advindos do ensinamento sistemático, por parte de um dos pais, e das próprias intervenções da criança, dirigidas ao aviltamento do genitor que é alvo desta campanha denegridora.

EM OUTRAS PALAVRAS, a alienação parental conceitua-se como o conjunto de sintomas advindos do afastamento entre um genitor e filhos, gerado através de um comportamento doentio e programado do outro genitor, geralmente aquele que tem a guarda do filho.

Desse modo, a criança, a quem os pais deveriam proteger das discussões próprias dos adultos referentes ao fim de seus relacionamentos, transforma-se em um míssil de ataque, dirigido a ferir aquele a quem se culpa. O genitor alienador, que tem o despertar de suas próprias questões pessoais conflituosas com a separação, por vezes age consciente do que pode provocar na prole. Afasta, intencionalmente, a criança de seu (sua) genitor(a), passando para o filho o ódio que possui.

---

19 "Alienação parental e seu impacto na Jurídicos e Sistemas de Saúde Mental. Parte I e II". DVD (223) *Mensagens de Vida*, Inc.

Há situações, no entanto, em que o pai realmente acredita na necessidade de suas atitudes, como se fossem proteção ao menor.[20]

Há uma incessante busca pelo reconhecimento do alienador como único cuidador da criança. Serão substituídos os naturais sentimentos do filho pelos projetados por ele, que passa a internalizar as frustrações do pai como se fossem suas próprias. Com isso, repudiará o contato com o alienado, odiando-o sem motivo concreto. Haverá, então, um estreitamento do vínculo de dependência entre o filho e o genitor alienador, pois ao mesmo tempo em que afasta o alienado da vida da criança, se estabelece como o único a quem ela poderá recorrer. Tornar-se-á, progressivamente, o único adulto em quem aquela criança confiará, inclusive porque afasta do convívio do menor todo aquele que, ainda que minimamente, apresenta versão diversa dos fatos.

Esse genitor buscará auxílio junto aos familiares, amigos e demais pessoas do seu círculo social que lhe corroborem as razões, inclusive com pedidos de tutela judicial, para que afaste de vez a convivência do filho com o outro. E chega a um ponto que não se refutará em acusar falsamente dos mais diversos vícios e delitos, sendo a mais drástica faceta a acusação de abuso sexual, pela eficácia conseguida e pelas consequências psicológicas na criança.

A criança, por sua vez, externará a vontade nela incutida pelo alienador e não a sua própria. Poderá prestar declarações que reproduzirão os sentimentos do alienador e recusará quaisquer

20 Ibidem.

contatos com o alienado, até mesmo porque seria visto como uma traição pelo alienador. Veja-se, portanto, que as sequelas da alienação parental são gravíssimas.

Em homenagem à gravidade das sequelas trazidas pela alienação parental, foi editada no Brasil a Lei 12.318/2010, que versa exclusivamente sobre esse tema, alterando normas anteriores pertinentes à matéria.

O art. 2º da referida lei cria a primeira definição legal no sistema jurídico brasileiro da alienação parental.

Para o ordenamento jurídico, "considera-se ato de alienação parental a interferência na formação psicológica da criança ou do adolescente promovida ou induzida por um dos genitores, pelos avós ou pelos que tenham a criança ou adolescente sob a sua autoridade, guarda ou vigilância, para que repudie genitor ou que cause prejuízo ao estabelecimento ou à manutenção de vínculos com este".

É mister destacar também a lacuna que a nova legislação preenche: a questão da celeridade dos processos que envolvem a alienação parental.

O tempo para a criança passa muito mais rápido e é muito mais drástico que para o adulto. Logo, alguns meses entre o despacho e a efetiva marcação de uma audiência ou para a elaboração de um laudo psicossocial não são toleráveis pela criança, principalmente se há indícios de que está sendo alienada. Assim, é necessário que haja conformação das questões a um tempo não apenas razoável conforme padrões gerais, mas a uma duração que atenda às necessidades infantis, e não torne o sistema de pacificação social por excelência em um vetor de conflitos.

Em matérias dessa natureza, envolvendo questões cujas consequências podem ser muito prejudiciais a menores, sempre se sentiu a necessidade de que fosse dada máxima prioridade na tramitação processual. Após a edição da lei específica sobre a matéria, certo é que, pelo arrazoado no art. 4, quando houver indício da alienação parental, a requerimento das partes, ou de ofício, o processo terá tramitação prioritária. Tal dispositivo dá mostras de que, finalmente, a questão está sendo tratada com a seriedade que merece.

A nova legislação, de forma exemplificativa, e, portanto, não taxativa, elenca formas de alienação parental que passam a ser criminalizadas: realizar campanha de desqualificação da conduta do genitor no exercício da paternidade ou maternidade; impedir o contato da criança com o outro genitor; omitir informações pessoais sobre o filho, principalmente acerca de paradeiro e mesmo escolares, médicas e alterações de endereço para lugares distantes, visando a dificultar a convivência da criança ou adolescente com a outra parte e com familiares desta. Finalmente, a lei criminaliza também os falsos estratagemas, muito utilizados pelos alienadores, de fabricar e exagerar os fatos dolosamente, transformando fatos triviais em verdadeiros suplícios.

Ora havendo indício da prática de alienação parental, o juiz determinará a realização de perícia psicológica na criança ou adolescente, sendo ouvido o Ministério Público. O resultado da perícia deverá ser apresentado em até noventa dias, acompanhado da indicação de eventuais medidas necessárias à preservação da integridade psicológica da criança. Uma vez caracterizada a prática de alienação, o magistrado poderá aplicar as penas previstas na lei pelo art. 6, elencadas em ordem de grandeza, de acordo com a gravidade do caso, que se consubstanciam na possibilidade de advertir e multar o responsável; ampliar o regime de visitas em favor do genitor prejudicado; determinar intervenção psicológica monitorada; determinar a mudança de guarda, como a sua inversão; e até mesmo suspender ou decretar a perda do poder familiar.

É certo que a nova lei que versa sobre alienação parental foi um grande ganho para o Direito de Família Brasileiro, trazendo, sem dúvidas, muito mais benefícios que malefícios. Deve-se atentar que o mais importante em lides que versem sobre o tema é uma instrução probatória clara e objetiva, elaborada por profissionais especializados e competentes, porque é esse tipo de perícia a maior garantia contra injustiças, e, além disso, o melhor remédio para que não se crie hoje um novo tipo de problemática: a da inversão injustificada da guarda, ou, pior, a da perda do poder familiar.

6.3 SEPARAÇÃO OU RECONCILIAÇÃO?

Assim, em primeiro plano, quando o cliente procura o advogado especializado na área de família por razão da inviabilidade da vida em comum com seu cônjuge, deve o profissional analisar as razões desse rompimento, e, se necessário, lançar mão do apoio dos profissionais que estudaram a psique do cliente. Tudo para ter certeza de que tal decisão está sendo tomada de maneira consciente e objetiva.

Esse tipo de análise é certamente o elemento diferenciador do advogado especializado em família para os advogados não especializados: a sensibilidade para entender os motivos do término do relacionamento e, com isso, decidir e aconselhar o melhor modo de prosseguir. O que nos importa é a análise subjetiva da crise que motivou a mobilização de nossa intervenção, e isso, apenas os anos de vivência dos especializados na advocacia de família, somados a uma aptidão natural no trato com problemas sociais, podem trazer.

6.4 DEFINIÇÃO – DIVÓRCIO OU DISSOLUÇÃO DA UNIÃO ESTÁVEL. EM JUÍZO DE FAMÍLIA OU EM CARTÓRIO DE NOTAS?

O casal chegou a um nível de atrito tal que não há mais condição de convivência. Já estão separados de fato e a única solução para ambos é o divórcio. O divórcio não é um esporte. A Emenda Constitucional de 1999 autoriza divorciar-se quando quiser, então alguém se divorcia e casa amanhã com outro, depois com outro. O divórcio é o remédio. Nossa legislação é muito flexível para o decreto divórcio, e hoje, no Brasil, você poderia fazer isso: casar, descasar, casar, descasar. Eu sou favorável sempre que se regularize a situação do casal, ou seja, se não está dando certo, se já tentaram todas as formas com psis, por vezes com religiosos, então, partam para o divórcio. É opção procurar um advogado, e eu sempre aconselho um especializado.

VOCÊ NÃO VAI PROCURAR um pediatra para analisar um problema neurológico. No campo do direito, dos advogados, é a mesma coisa. Se você procurar um tributarista, você não vai fazer uma separação, um divórcio. Procure o advogado especializado e defina, estabeleça as cláusulas e condições do seu divórcio.

O mesmo vale para a união estável. Da mesma forma que você constitui, através de Cartório de Ofício de Notas, você pode desconstituir por igual fonte. Você tem que procurar um advogado, o advogado vai redigir todas as cláusulas e estabelecer, se houver filho, regime de visitação, guarda dos filhos, a forma de pagamento de pensão.

ESCOLHER ENTRE O Juízo de Família e o Cartório de Notas é uma opção que todas as partes têm. Quando um casal não tem filhos, não tem bens a partilhar e são ambos autossuficientes, não precisam de pensão de um ou de outro, é mais simples fazer o divórcio no Cartório de Ofício de Notas. Mas, no caso de haver filhos menores, é obrigado a fazer no Juízo de Família.

Ou se tiverem bens e não tiverem filhos menores, os filhos forem maiores, eles podem fazer no Ofício de Notas, mas são obrigados a tirar certidões negativas, a fazer a partilha, recolher os tributos necessários para regularização patrimonial, enquanto se fizerem o divórcio em Juízo de Família, eles não precisam fazer de imediato a partilha de bens, que é um ato caro, porque é transferência de patrimônio de um para o outro. A regularização patrimonial é um ato caro, então, eles podem estabelecer outras regras no Juízo de Família. Eu sou favorável que se faça em Ofício de Notas quando é simples. Complicou um pouco, ou a mulher não tem patrimônio, mas vai receber uma pensão, então faz no Juízo de Família e, depois, é só desarquivar o processo e executar, se for o caso.

6.5 O DIVÓRCIO NO EXTERIOR E SUA REGULARIZAÇÃO NO BRASIL E NO SUPERIOR TRIBUNAL DE JUSTIÇA (STJ). A NOVA REGRA DO CONSELHO NACIONAL DE JUSTIÇA (CNJ)

O divórcio e o casamento são um só. Você pode casar no Brasil, no Japão, não importa onde, até mesmo na "Cochinchina". Pode se casar, em suma, em qualquer lugar do mundo. Aquele é o seu casamento, e o divórcio será oportunamente o mesmo também. Então, você pode se divorciar nos Estados Unidos, por exemplo, lá as regras são um pouco diferentes e variam de um estado para o outro. Você se divorcia lá, traz as regras do seu divórcio para cá e vai ao Superior Tribunal de Justiça para que ele seja homologado, caso seja um divórcio composto, ou tenha detalhes envolvendo guarda, visitação de filhos menores ou divisão patrimonial. Por que essa homologação no STJ? Porque nesse tribunal somente serão homologados os aspectos que não infringirem o ordenamento jurídico brasileiro e as regras que não ferirem a ordem pública. Ou seja, por exemplo, não se pode estabelecer em um pacto ou acordo de divórcio aspectos que vedem o acesso dos genitores ao direito de visita de seus filhos. O mesmo ocorre em relação à pensão alimentícia, pois o STJ não homologará a isenção de um pai do dever de sustento de seus filhos. Uma regra colocando em caráter definitivo o dever de sustento entre os cônjuges também colide com o ordenamento jurídico brasileiro, pois o nosso Código Civil prevê tal dever. Temos regras a seguir. Você não pode estabelecer entre as partes que um dos divorciandos abra mão objetivamente de todo o patrimônio mobiliário e imobiliário que ambos possuem, quando casados pelo regime da comunhão universal. Algo terá que ser explicado para sua homologação, ainda mais se o patrimônio for grande, por que motivo um deles estará abdicando? Por isso é obrigatória a homologação no STJ. O Ministério Público também vai intervir, olhar e ver se tem alguma coisa errada ali e vai chamar os dois para esclarecer melhor se estão fazendo um divórcio de forma leonina, inteiramente unilateral. Então, caberá a eles explicar melhor esses detalhes. A tramitação é feita em Brasília e é lenta, demora aproximadamente de três meses até um ano, e muitas vezes são feitas exigências. Para dar entrada no processo, a documentação tem que vir traduzida em português por tradutor juramentado e tem que ser consularizada.

Mas, recentemente, um divórcio chamado consensual, ou puro, que não envolva patrimônio ou filhos menores, já pode ser diretamente levado pelas partes envolvidas à Circunscrição Civil onde originariamente se casaram.

Dessa forma, a sentença estrangeira de divórcio consensual já pode ser averbada diretamente em cartório de Registro Civil das Pessoas Naturais, sem a necessidade de homologação judicial do Superior Tribunal de Justiça (STJ). A nova regra está no Provimento n. 53, de 16 de maio de 2016, editado pela corregedoria nacional de justiça, atualmente a Ministra Nancy Andrighi.

Com essa decisão, o Conselho Nacional de Justiça (CNJ) regulamentou a averbação direta de sentença estrangeira de divórcio, atendendo à nova redação do art. 961, parágrafo 5º, do novo Código de Processo Civil: "a sentença estrangeira de divórcio consensual produz efeitos no Brasil, independentemente de homologação pelo Superior Tribunal de Justiça (STJ)".

A averbação direta da sentença estrangeira de divórcio consensual não precisa de prévia manifestação de nenhuma autoridade judicial brasileira e dispensa a assistência de advogado ou defensor público.

Com esse provimento, o CNJ procurou, além de acolher as disposições do novo CPC (recentemente promulgado), desburocratizar a vida do cidadão e uniformizar os procedimentos de averbação de sentença de divórcio consensual nas serventias extrajudiciais de todo o país.

A nova regra vale, no entanto, apenas para divórcio consensual simples, ou puro, que consiste exclusivamente na dissolução do matrimônio. Havendo disposição sobre guarda de filhos, alimentos e/ou partilha de bens – o que configura divórcio consensual qualificado –, continua sendo necessária a prévia homologação pelo STJ.

Para realizar essa averbação direta, o interessado deverá apresentar ao cartório de registro civil, junto ao assentamento do casamento, cópia integral da sentença estrangeira e a comprovação de seu trânsito em julgado (finalização originária do país onde foi feito o divórcio), acompanhadas de tradução oficial juramentada e de chancela consular.

Nesse mesmo ato é possível retomar o nome de solteiro. O interessado nessa alteração deve demonstrar a existência de disposição expressa nesse sentido na sentença estrangeira, exceto se a legislação do país de origem da sentença permitir a retomada do nome ou se houver documento do registro civil estrangeiro já com a alteração.

HOMOLOGAÇÃO DE SENTENÇA ESTRANGEIRA
Competência do STJ (EC 45/04), art. 105, I da Constituição Federal.

Documentos necessários para a homologação de sentença estrangeira (ex.: divórcio)
- Sentença original estrangeira assinada por juiz competente e legalizada de acordo com a Convenção de Haia.
- Certidão de casamento registrada no Setor Consular ou a certidão de casamento estrangeira, legalizada pelo Setor Consular e traduzida por tradutor juramentado no Brasil.

- Declaração do ex-cônjuge de concordância com a homologação do divórcio, com reconhecimento da firma do declarante por notário público. Essa declaração deve ser legalizada no Setor Consular (Recomendação que possui apenas o intuito de *tentar* evitar a citação do ex-cônjuge e, consequentemente, eventual expedição de carta rogatória).
- Demais documentos essenciais obrigatórios.

6.6 PARTILHA DE BENS NO CASAMENTO E NA UNIÃO ESTÁVEL

É também de suma importância o advogado de família no momento da separação do casal, para que seja definida a partilha dos bens, o que, a priori, o advogado deve tentar fazer de forma consensual. Todavia, ante a impossibilidade de acordo, o advogado vai, litigiosamente, brigar pela vontade de seu cliente dentro das possibilidades e liames jurídicos, observando o regime de bens.

De acordo com a Lei 6.515/77, art. 7 º, a separação (hoje, divórcio) implica na separação de corpos e na partilha de bens. Destaque que a partilha poderá ser o resultado de prévio acordo entre as partes, podendo os cônjuges livremente estabelecer seus termos, escolhendo, cada qual, os bens que melhor atenderem aos seus interesses. Se chegarem a um acordo, o apresentarão ao juiz, que assim o homologará, caso estiverem preservados os interesses de ambos os cônjuges e dos filhos. Não havendo acordo, é importante que o advogado garanta que, durante essa fase separatória de um processo de divórcio, um dos cônjuges não aliene os bens que estão exclusivamente em seu nome, e que não dependem da aquiescência do outro cônjuge, nem os transfira para terceiros. De tal modo, é essencial que ingresse com a antiga medida cautelar de arrolamento de bens (art. 856 do Código Processo Civil, de 1973, ou hoje através de uma Tutela de Urgência Preparatória no Novo Código de 2015, pelo art. 330 e seguinte), onde seja pedido o bloqueio dos bens, inclusive das contas bancárias, para garantir que o objeto do litígio não desapareça em meio a esse litígio patrimonial. Por esse motivo, é condição *sine qua non* que o pedido seja fundado em justo receio de que a conservação do patrimônio esteja ameaçada, o que importa em dizer que não é suficiente para a concessão da medida a mera possibilidade de ofensa, sonegação ou ocultação do patrimônio. É preciso que a possibilidade de um dos cônjuges subtrair ou fraudar o patrimônio seja real e possa ser provada.

Capítulo 7
— *Alimentos*

O INSTITUTO DOS ALIMENTOS é o dever que, no casamento, os cônjuges assumem reciprocamente. Na união estável, podem as partes até mesmo transigir nesse aspecto, embora haja decisões contrárias dos tribunais. Se a união estável é regida no mesmo capítulo do casamento, algumas regras éticas e morais de mútua assistência devem ser mantidas.

POR QUE OS ALIMENTOS? Alimento é sobrevida, é a necessidade que um tem de suprir o outro. A pessoa, quando se casa, comunga interesses afetivos, materiais, sexuais. É a constituição de uma família, então, a família precisa ser alimentada e o alimento que a família tem é teto, educação, saúde, alimentação e os detalhes naturais de cada status social. Se eu posso pagar empregados, se eu não posso pagar... então, eles mesmos vão constituindo núcleos de uma família, eles vão se ajustando com as economias. Hoje, a mulher e o homem trabalham, eles, mutuamente, no seu casulo, constituem a família. Aí existem os alimentos devidos à mulher ou ao homem, que geralmente são recíprocos, não é só o homem que deve a mulher, não. A mulher também tem que pagar, se o homem precisar de alimentos. E como são fixados? São fixados em acordância: a capacidade de um e as necessidades do outro, do alimentado. É muito mais a necessidade do que a capacidade. Não significa que, se ele ganhar um milhão por mês, vai pagar 10% ou 20%, quando ela não precisa. Ela vai precisar de quê? É jovem? Por tempo limitado, a pensão será fixada para ela, então ela terá aquele valor até se restabelecer, se reintegrar ao status, ao trabalho que ela tinha. Hoje, quase todas as jovens têm curso superior, se formam. Os casamentos não são mais feitos com jovens com 18, 19 anos e rapazes com 23, 24 anos. Os casamentos são entre pessoas mais amadurecidas. Atribuo isso também à divulgação da união estável, do *ficar*, da saída, e isso se consolida. Hoje, as pessoas estão casando com 30, 35, 40 anos. É a idade em que estão buscando a consolidação através do casamento e da união estável.

O núcleo dos alimentos – há uma expressão muito bonita sobre casamento e sobre a manutenção dos dois, a vida em comum, de um misto de poeta e jurista da Idade Média. Ele falava "*Boire, manger, coucher ensemble, c'est mariage ce me semble*" (Antoine Loysel).[Em tradução livre: "Beber, comer e dormir juntos, isso é casamento para mim."] Beber:, divertir-se, comungar o *tetê-a-tete*, comungar da mesma mesa. *Coucher*: dormir. Não é dormir para fazer sexo só não, é dormir discutindo, conversando. Na cama se discute, se conversa. *Manger* é a comida, é comer. É o café da manhã, é o almoço, é o jantar. Quando podem, fazer o máximo possível de atividades juntos. *Mariage*, do francês, é o casamento. Isso é o casamento. Você aproveita a vida no lazer, do dia a dia, você aproveita a vida na cama, dialogando, se divertindo, trocando ideias, tendo as suas funções sexuais, e aproveita a vida comendo bem numa boa gastronomia. Essa reciprocidade existe, sempre existiu, e é básica na família, num casamento. Então a mulher, hoje é diferente daquela do início e metade do século xx. Ela tem a sua condição de trabalho, findou seu curso superior, é jovem, ela por consequência, se for o caso, terá os alimentos acordados ou fixados, limitados no tempo. Mas a mulher, geralmente com mais de cinquenta anos, mesmo que possa trabalhar, mas largou o emprego e foi se dedicar à família, criou os filhos até eles saírem de casa, se casar e irem embora, nessas condições, ela tem direito à pensão. O marido terá que pagar. Ela vai ter condição de se reintegrar rapidamente na sociedade? Com cinquenta anos de idade, ela vai trabalhar em butique? Perdeu o hábito de eventual profissão ou curso superior deixado de lado. Então vai fazer o quê? Ela vai ter de refazer toda a vida profissional? Por quê? Como? Ele ao se casar, seguindo as tradições machistas e patriarcais, dizia e reafirmava: "mulher minha não trabalha", o que era comum ocorrer.

7.1 ALIMENTOS ENTRE OS CÔNJUGES

A PENSÃO ALIMENTÍCIA é tema corriqueiro nas separações e divórcios, sendo certo que é dos maiores motivos de litígios judiciais.

Como já exposto, é importante que o advogado de família que acompanhou a evolução e retrocesso do casamento tente prevenir a dependência e a necessidade de um dos cônjuges, nunca aconselhando, por exemplo, que um deles largue o emprego e a vida profissional em prol das garantias do outro – no momento da separação, as promessas tendem a ir por água abaixo, e os cônjuges, quando em litígio e já separados de fato, tendem a não compreender a obrigação que terão de se auxiliar reciprocamente, prestando alimentos. É deveras complicado para o cliente compreender que, a despeito de todas as brigas desrespeitosas que podem ocorrer com as separações, terão de ajudar na mantença daquele que lhe é objeto de mágoa e incompreensão.

Os artigos 1.702 e 1.704 do Diploma Civil elencam os deveres alimentícios entre os ex-cônjuges. A Lei do Divórcio determinou em seu art. 19 que "o cônjuge responsável pela separação judicial prestará ao outro, se dela necessitar, a pensão que o juiz fixar". Assinale-se que "controverte a doutrina a respeito da natureza jurídica desse direito de alimentos (ou correspectivo dever) que assim se assegura a benefício do cônjuge não responsável pela separação".[21] No entanto, "nosso legislador fez-se insensível à admissibilidade de qualquer forma de indenização por perdas e danos, fundada na conduta faltosa de um dos cônjuges como causa da dissolução da sociedade conjugal, exaurindo a sanção no encargo alimentar, quando o caso".[22]

---

21 CAHALI, Yussef Said. *Dos alimentos*. 4ª ed., São Paulo: Editora Revista dos Tribunais, 2002, p. 360.
22 Ibidem, p. 364.

É IMPORTANTE, portanto, que o advogado esclareça ao cliente que a natureza da pensão alimentícia não é a de uma prestação compensatória realizada pelo cônjuge culpado – responsável pela dissolução da sociedade conjugal ao outro cônjuge, inocente –, mas auxílio que o outro necessita para viver.

Nesse mesmo assunto, também importa salientar que os "alimentos normais", nos padrões do art. 1.694 do Código Civil, aqueles necessários para viver de modo compatível com a condição social, só serão exigíveis caso o cônjuge que os pleiteie seja inocente da separação. É igualmente importante elucidar ao cliente que, em tese, a mantença do *status social* que tinham os ex-cônjuges quando casados, de acordo com o preceituado pela lei civil, somente é devida quando não há culpa na separação. Não obstante, é também de extrema importância que o cliente reste alertado que a interpretação mais moderna dos tribunais a esse respeito apregoa o fim da atribuição de culpa e das consequências da mesma. Nas palavras de Arnaldo Rizzardo:

> Existem os alimentos plenos, ou aqueles que procuram manter a situação social e econômica vigorante quando do casamento, previstos no art. 1.694, a que tem direito o cônjuge inocente se na separação judicial, conforme garante o art. 1.702, e os alimentos limitados ou de sobrevivência, que vieram introduzidos no parágrafo único do art. 1.704. Portanto, note-se que, a rigor, o elemento culpa persiste na determinação dos

alimentos: àquele que é inocente na separação, assiste-lhe os alimentos integrais, no sentido que sempre foi admitido, de sorte a manter o nível que gozava quando do casamento; e ao culpado resta somente o indispensável para a sobrevivência, isto é, para a alimentação, moradia e a saúde.[23]

Com o advento da Emenda Constitucional 66/2010, não temos no ordenamento jurídico brasileiro no Campo do direito de Família as sanções decorrentes da culpa de um ou de ambos os cônjuges. Hoje para se divorciar basta a vontade de uma das partes. E, os alimentos são analisados o seu crédito, caso a caso, levando-se basicamente em consideração a necessidade que ele ou ela possuam para a respectiva sobrevida, a capacidade laborativa, as condições econômico-financeiras de cada um entre outros aspectos. Antes do Novo Divórcio no Brasil, com a introdução da Emenda Constitucional 66/2010, era essencial que restasse claro que são devidos ao cônjuge inocente alimentos que venham a complementar ou dar integridade ao necessário para que conserve o mesmo status social que mantinha enquanto ainda existia a sociedade conjugal. Desse modo, antes da Emenda Constitucional 66/2010 ainda que o cônjuge inocente mantenha atividade remunerada, continua devida a pensão alimentícia por parte do "cônjuge culpado" e, se assim tiver capacidade, pois, nesse caso, a necessidade do alimentado não se restringe ao básico apenas para subsistência – mas sim a

---

23 RIZZARDO, Arnaldo. *Direito de Família*. 2ª ed., São Paulo: Editora Revista dos Tribunais, 2004, p 775.

mantença de seu padrão de vida, o que se denomina "alimentos côngruos". Isso teve representativa mudança após a introdução em nossa legislação do "novo divórcio".

Controversa era a questão de pensão alimentícia quando havia reciprocidade de culpa na dissolução da sociedade conjugal, no divórcio. Grande parte da doutrina e da jurisprudência, principalmente paulista, defendia a posição de que, na hipótese de decretação de culpa recíproca, de acordo com a orientação do diploma civil, nessa parte revogado, pelo descumprimento tanto pelo cônjuge varão quanto pelo cônjuge virago do dever conjugal, ambos perdem o direito a alimentos, tendo em vista nenhum dos dois ser considerado inocente – pressuposto básico para o pensionamento entre cônjuges, anteriormente existente. No entanto, corrente diversa, se filiava o Tribunal do Rio Grande do Sul, defende, conforme bem argumenta Arnaldo Rizzardo, que:

> Em verdade, o dever alimentar está na obrigação de caridade e solidariedade familiares, que é o princípio ético de assistência e socorro decorrente do vínculo familiar. Na culpa recíproca pela quebra de matrimônio, mais se acentua a obrigação de alimentar com suporte no fundamento da necessidade e solidariedade.[24]

Com relação a toda a questão da culpa e do dever ou não de prestar alimentos, destacado no Código Civil atual, foi inovado

---

24 Ibidem, p. 774.

ao permitir a fixação de pensão, mesmo quando a situação de necessidade resultar de culpa. Contudo, nesse caso, os alimentos serão apenas os indispensáveis à subsistência. Portanto, mesmo culpado, o cônjuge pode vir a pedir alimentos, que os serão devidos no limite de suas necessidades, não englobando a mantença do *status social*, mas como acima se disse, com os princípios inseridos na Emenda Constitucional 66/2010, não mais se atribuindo culpa ou motivos para a obtenção do divórcio, se devolve em caráter excepcional ao necessitado o seu crédito de pensionamento, mesmo se tenha sido ou não o motivador do rompimento do liame das partes num eventual litígio. Nesse sentido, salienta o nosso clássico civilista Caio Mário da Silva Pereira:

> Consagra o Código o princípio que rompe com a regra, segundo a qual é pressuposto da pensão alimentar ao cônjuge separado judicialmente o fato de ser considerado inocente. Esta exceção, com todos os riscos que gera, assenta nos pressupostos da necessidade, por um lado; e por outro, de ser o reclamante necessitado e não ter condições para o trabalho.[25]

Em suma, quando o assunto é pensão alimentícia, o advogado especializado em família deve estar ciente de que a questão gera muita incompreensão por parte dos clientes, pois com

---

25 DA SILVA PEREIRA, Caio Mário. Instituições de Direito Civil, *Direito de Família*, vol. 5, 14ª ed. Rio de Janeiro: Editora Forense, 2004, p. 511.

todos os sentimentos inerentes a quase todas as separações – mágoa, ressentimento, atribuição de culpa, falta de respeito –, é comum que não compreendam que ainda tenham de auxiliar no sustento daqueles que lhes são objeto de tanta mágoa. Mas a lei, por outro lado, imputa obrigações na esfera assistencial que não podem ser negligenciadas.

Mais uma vez, é de extrema importância que cliente e advogado tenham abertura e sintam-se confortáveis para expor o que pensam, detalhando um a relação em que viveu e o outro os limites legais que lhe atribuirão obrigações ou lhe exonerarão delas. Sem um relato detalhado e sincero do cliente, é impossível que o advogado lhe dê a correta diretriz a seguir.

7.2 ALIMENTOS ENTRE OS FILHOS

Os alimentos entre os filhos são completamente diferentes. Esse mesmo autor francês da Idade Média, Antoine Loysel, cujo livro se chama *Institutes Coutumières*, diz o seguinte: "*qui fait l'enfant, doit le nourrir*": quem faz a criança deve mantê-la. O "manter", *nourrir*, significa dar comida, vestuário, educação, ética, moral, saúde. A criança, enquanto dependente, desde que virou embrião até o nascimento, e desde que nasceu até os 18 anos, até os 25 anos, se estiver na faculdade, é legitimamente dependente dos seus pais. Eu brinco que pais não é plural de pai não, é pai e mãe. Tanto ela quanto ele têm de contribuir. Se ele ganha mais, ele paga um pouco mais. Se ela ganha menos, ela paga um pouco menos. Isso tem de se analisar.

AGORA, O PRINCÍPIO BÁSICO de fixação dos alimentos sempre deve ser baseado na necessidade do alimentado. É aí que se deve basear o núcleo, na necessidade do alimentado, e não na capacidade do alimentante.

Ele pode ganhar uma fortuna, um milhão. Vai dar cem mil para um filho? Vai estragar o filho. Então, a lei estabelece a proporcionalidade. Os alimentos são devidos até os 18 anos de idade, ou os 24, 25 anos, se os filhos estiverem na universidade. Não se estende se estiverem em pós-graduação. Se o filho terminar a faculdade antes dos 24 anos, com 21, 22 anos, em princípio, cessa a obrigação dos alimentos. Se o filho se casar, também, porque na nova família irão assumir o direito de mútua assistência estabelecido no casamento. Se eles passaram a conviver com outra pessoa, tanto ele quanto ela perdem o direito aos alimentos, que passam a ser exercidos pelo mesmo dever do casamento, agora como companheiros. Se a ex-mulher teve um filho com outra pessoa e se o ex-marido ainda está a mantendo vai ser discutível se o pai dessa criança, tem condições de manter a ambos ou manter somente a criança, os pais dela vão ter a obrigação de mantê-la também, se ela tiver até 25 anos. Essa idade é negociável. É muito comum alguns pais continuarem a pagar a pensão para o filho com até trinta anos de idade nos dias atuais, principalmente quando os filhos já não saem de casa aos dezessete, dezoito, dezenove anos, ou quando terminam a faculdade. Hoje, os meninos – as eternas crianças, pois assim os chamamos nossos filhos barbados de criança – saem de casa com 30, 35, 40 anos de idade. O filho arranjou um emprego. Casou, trabalha e ganha bem. "Ah, mas ele é estagiário." Mas ganha quanto? Precisa ver o nível da família. Se ele ganha cinco mil por mês e o nível da família for esse, ele não tem mais direito à pensão.

PENSÃO NÃO É negócio, não é poupança. Ela serve estritamente para as necessidades do credor.

Estão errados aqueles que pensam: eu ganho x de pensão, então vou fazer um fundo. Outro aspecto que é muito comum perguntarem é se a pensão ideal é um percentual sobre os ganhos ou um valor fixo com atualização monetária. Eu sou contrário aos percentuais. Acho que o fixo com atualização monetária é melhor. O salário mínimo pode ser um índice, mas eu não gosto muito. Prefiro um valor fixo atualizado pelo próprio índice da Fundação Getúlio Vargas, que é sério e correto.

Hoje você tem uma pensão que está fixada em percentual, por exemplo, de 30% do salário do seu marido. Isso hoje vale, mas se amanhã ele perde o emprego, 30% vira nada. Aí vai começar a bater na porta da justiça para brigar, para bloquear fundo de garantia, indenização... e começa a confusão. Veja quanto precisa, jogue ali o valor, atualize monetariamente, e é muito mais tranquilo para ambos.

Para os filhos, é a mesma coisa. Muitas vezes, o casal se separa jovem, com os filhos ainda com dois, três, quatro anos de idade. Essa pensão não pode ser a mesma de quando as crianças atingirem a adolescência, a idade de pré-universidade. Tem de alterar. Então é muito importante expor e dizer tudo. Alimentos, guarda e visitação são três fatores, três institutos no Direito de Família que não fazem coisa julgada – expressão de juridiquês –, não terminam, não são definitivos. Você pode eternamente, diante da alteração das condições de vida, mudar, o que nós chamamos em latim *"rebus sic stantibus"*. Então, se mudou, você pode buscar a situação para mais ou para menos, ou manter. É isso o que se faz.

TENHO AQUI NO ESCRITÓRIO um cliente, um homem público, notório, conhecidíssimo, rico, um homem de mídia, que foi molestado por uma ação de investigação de paternidade por um homem de cinquenta anos de idade, quando ele tinha 62. Esse homem de cinquenta anos disse que a mãe dele, em leito de morte, contou: "Você é filho de fulano de tal, conhecidíssimo no Brasil." Aí entrou com uma ação. Ela dizia que fora empregada doméstica na casa dos pais dele, e ele disse: "Olha, eu não me recordo. Lembro que tinha uma empregada, babá, não sei, que me colocava pelado e brincava comigo. Eu não me lembro de nada, nada." O exame de DNA atestou que o filho era dele. Ela engravidou do cara que nem sabia o que tinha feito. O filho é dele. A briga na justiça é porque esse homem de cinquenta anos, hoje, diz que é portador de HIV, e pediu R$ 50 mil de pensão. Consegui baixar a pensão e fazer com que ele pagasse R$ 5 mil reais, que para ele não é nada, e esse filho chegou a dizer em pleno julgamento que não tinha a menor afeição pelo seu pai biológico e apenas queria tirar dinheiro dele para melhorar de vida.

7.3 ALIMENTOS – QUANDO SÃO CHAMADOS OS AVÓS (AVOENGOS)

Quando o valor que o casal ganha não é suficiente para sustentar seus filhos, a lei autoriza que eles batam na porta dos avós – pai e mãe –, para que eles, dentro das suas proporcionalidades, possam contribuir também para a necessidade de seus netos.

NÃO SÓ OS AVÓS têm o dever, a obrigação contributiva de manter e ajudar os seus netos, como os avós também têm o direito de visitar e de assumir, inclusive, numa incapacidade, num problema qualquer que haja com o filho, a sua condição de guardião.

Não adianta a nora dizer "Eu detesto a sua mãe, detesto seu pai, na nossa casa eles não entram", porque eles podem entrar, sim, para visitar os netos. Isso é muito comum de ocorrer, esse atrito da sogra ou do sogro com o genro ou com a nora. Toda hora tem um caso assim aqui no escritório. E eu sempre estimulo os avós.

Sou um avô apaixonado. Sou alucinado pelos meus netos, louco por eles. Fico tenso. Hoje eu vou pegar a minha neta às 9h da noite numa festinha. Estou feliz da vida porque vou fazer isso.

Então, temos de preservar a família, o casulo, a tradição. A família não acaba no filho. Ela nunca acaba. Eu sou oriundo dos meus pais, dos meus avós, dos meus bisavós, tetravós, e assim por diante. "Assim caminha a humanidade." Quanto mais preservação desse sentido de família, de casulo, mais nós damos estabilidade ao próprio Estado, como instituição dependente que é da família.

O Estado também regulamenta, através do Legislativo, as leis da família. Por isso que a família criou o Estado, as regras, a propriedade. O Collor, quando uma vez brigou com a mulher, Rosane, e tirou a aliança, gerou um movimento violento de clientes no meu escritório, porque a instabilidade no governo, no Estado, gera instabilidade na família na mesma hora. É direto.

7.4 ALIMENTOS DO PRENASCITURO OU GRAVÍDICOS

Como falamos, houve uma brusca liberação dos jovens nos aspectos sexuais nas últimas duas décadas. Estamos constantemente nos deparando com meninas engravidando dos 13 aos 17 anos, muitas, precisando de amparo e solidariedade do pai da criança que irá nascer. Tivermos recentemente a edição de uma lei a 11.804/2008 que veio a tratar objetivamente do que se chama "Alimentos Gravídicos". Esse termo tem sido muito discutido preferindo alguns doutrinadores a expressão "alimentos ao prenascituro". Hoje, a mulher pode, por lei, do momento em que engravidou, bater na Justiça pedindo alimentos para a criança que vai nascer. Não é uma coisa normal, mas acontece. Como existe muita ficada e saída que gera nascimento, gera uma gravidez inesperada, é possível que a jovem peça na Justiça ao pai uma ajuda para ir ao obstetra, para comprar fraldas amanhã, para ela ter uma alimentação condigna para que a criança nasça sadia, para ultrassonografia. Isso é o prenascituro, o momento em que a criança está se alimentando do que a mãe se alimenta. E ela precisa também ter paz, tranquilidade. Ainda mais como ocorre algumas vezes, quando ela é expulsa da casa do namorado ou companheiro e vai para outro lugar, num estado de proximidades ao nascimento do filho. Nesse momento ela pode solicitar lugar, auxílio para morar num apartamento ou teto condigno, tranquilo. Tudo isso é viável, se ela estiver grávida. Maria Berenice Dias, notável doutrinadora de Direito de Família, que teve sua experiência adquirida na Magistratura do Tribunal de Justiça do Rio Grande do Sul, em sua obra Manual do Direito de Família, comenta sobre a matéria, afirmando:

> Em época de paternidade responsável não mais cabe desonerar o pai do dever de provar o sustento do filho pelo só

fato de não o ter reconhecido. Assim, comprovado que sabia da gravidez e ainda assim não tomou a iniciativa de cumprir com os deveres decorrentes do poder familiar, impositivo o reconhecimento da obrigação alimentar desde a data em que soube da existência do filho.[26]

A dificuldade que aparece antes da criança nascer que leva muitos magistrados a não fixar liminarmente a pensão alimentícia destinada ao nascituro, é o fato da incerteza da relação de parentesco deste com o pretendido "pai". Por esse motivo, se deve exagerar na matéria de prova a ser produzida nessas causas, para que se facilite ao Juiz de Família a concessão dos alimentos provisórios para o consumo inicial da mulher grávida e depois para o filho após o nascimento. Sem essa prova indiscutível, o Juiz não terá condições de fixar os alimentos previamente antes do reconhecimento ou não da paternidade.

7.5 ALIMENTOS ENTRE PARENTES

A obrigação é recíproca entre pais e filhos. Sempre existiu, desde o Código Civil de 1916, só que agora reforçaram, inclusive penalizando o filho que não presta alimentos aos pais que necessitam.

---

26 DIAS, Maria Berenice. *Manual de direito das famílias* – 5ª ed., São Paulo: Editora Revista dos Tribunais, 2009, p.480.

OS FILHOS SÃO OBRIGADOS a sustentar os pais, se eles precisarem.

Eles foram sustentados, quando incapazes, quando crianças, receberam todo o auxílio dos seus pais para serem gente. E agora, que os pais estão velhos, idosos, incapazes, alguns doentes, se precisarem, os filhos são obrigados a sustentá-los. Volto a dizer, aplicando-se sempre o princípio da necessidade e da capacidade. Mais necessidade do que capacidade.

E, segundo a Constituição, a entidade familiar inclui também irmãos e tios.

Capítulo 8
— *Guarda e Visitação*

UMA VEZ FINDO o relacionamento que unia os cônjuges, tendo desta união afetiva advindo filhos, é vital a discussão da guarda e da visitação dos mesmos quando menores.

QUANDO A SEPARAÇÃO do casal se deu de forma litigiosa, é comum que as mágoas daí remanescentes sejam transpostas para o fator *guarda e visitação* dos filhos e, nesse caso, é salutar a sensibilidade ética do profissional do direito para não permitir os excessos e tentar dissuadir o cliente das más intenções. Não podem os filhos ser transformados em armas de seus pais ou usados como munição para a chamada síndrome da alienação parental ou mesmo como elemento de majoração ou redução da pretensão aos alimentos daquele que ficar com a guarda do menor.

As naturais desavenças mal resolvidas e não solucionadas que levam o casal à separação passam a alimentar num ou noutro um brotar de odiosidade crescente e interminável. Pelo lado materno, vemos mães incutindo nas filhas o costume de mentir e odiar seus pais. Chegam até mesmo a transformar as crianças em verdadeiros robôs, que atendem automaticamente todas as suas maléficas vontades, seus caprichos e artifícios mentirosos, capazes de estimular tais atitudes idealizadas e inverídicas, somente com um interesse: o de afastar definitivamente o contato do pai com seus filhos. Não pensam no trauma que tal atitude causa em seus filhos.

Noutros aspectos, de forma proposital engendram ações de alimentos com pedidos astronômicos de pensão, impossível de serem cumpridos pelos ex-maridos, com o mesmo objetivo acima, ou seja, o de afastar o necessário e salutar convívio dos pais com seus filhos nas fases pós-separatórias. Nessa nova opção, deixam de cobrar tais pensões por três a quatro meses, para que acumulem cifras elevadas e, assim, totalizando um valor representativo, iniciam processos de execução de dívida alimentar nos Juízos de Família, sob pena de prisão.

Orientam seus respectivos advogados para que promovam as citações, justamente no momento em que o pai vem visitar seus filhos. Constrangem, já ficando o genitor ameaçado de prisão ou às vezes de penhora de seus bens nos próximos contatos com seus filhos, sendo esses fatos os grandes motivos do afastamento do genitor do convívio com sua prole menor de idade. Que pai irá arriscar nova e seguinte visita, dois fins de semana após, quando estão sob risco de sanções pesadas, inclusive de privação de liberdade? Nenhum!

Paralelamente, sob outra ótica, o ex-marido ciumento, quando os filhos ainda estão em tenra idade, imagina e estuda planos dos mais originais e arriscados para, em curto prazo, ingressar com uma ação visando à guarda de seus filhos. Por vezes, os pais, em condições financeiras mais privilegiadas que suas ex-mulheres, começam a cobrir de ouro e vantagens materiais seus filhos, como num suborno psicológico doentio, o que irá conturbar a cabeça dessas crianças que, muitas vezes, se inclinam a abandonar o convívio afetivo e natural materno pelo luxo desproporcional paterno. Essa atitude também gera traumas futuros nos filhos, além de inversão de valores.

8.1 GUARDA COMPARTILHADA. UMA REALIDADE OU UMA UTOPIA?

Desde a promulgação do novo Código Civil, em 2002, tivemos em 2008 e depois, recentemente, em 2014 duas leis envolvendo o tema guarda compartilhada. Aparentemente é uma novidade na sua aplicação no Direito de Família, mas na realidade são leis redundantes, pois essas novas leis favoreceram os pais em prejuízo das mães no aspecto de guarda, visitação e do exercício do poder familiar.

As novas leis confundem guarda com poder familiar e critério de visitação, quando se entende hoje que esse instituto que já existia no Código Civil Vigente e no anterior de Clóvis Beviláqua (1916), e não significam nada mais do que a maior flexibilidade e, algumas vezes, a ausência de data preestabelecida para visitação.

EM OUTRAS PALAVRAS, a guarda compartilhada não precisa ser tutelada pelo Direito, tendo um juiz como intermediador:

> a guarda que leva esse nome significa mais liberdade, pois o antigo pátrio poder, hoje denominado poder familiar, sempre existiu e assim continuará existindo, não se podendo confundir esse último instituto com o que hoje se denomina guarda compartilhada.

Essa nova lei veio alterar os artigos 1.583, 1.584, 1.585 e 1.634 do Código Civil de 2002 e estabelece, em suma, que o tempo de convívio com os filhos deve ser dividido de forma equilibrada com a mãe e o pai, sempre tendo em vista o interesse dos filhos, isso na alteração do artigo 1.583 do Código Civil. Esse princípio sempre existiu, pois nem o Ministério Público nem um Juiz de Família admitiriam homologar um acordo de visitação entre pais e filhos, com a fixação de critérios flagrantemente prejudiciais ao pai ou a mãe, notadamente quando os filhos, na fase separatória, precisam do apoio de ambos no exercício do maior tempo possível de contato, para que não sejam prejudicados pelos interesses unilaterais de um ou de outro genitor.

O intuito é que ambos os pais possam livremente ter acesso a seus filhos, decidindo em conjunto o melhor para a criança. Ora, se têm os ex-cônjuges maturidade e excelente relacionamento, mesmo após a separação, por óbvio não precisarão da Justiça para intermediar a favor do tempo igualitário que passarão com a criança. Poderão por comum acordo visitar, levar ao colégio, às festas de aniversários de amigos e colegas. Por outro lado, se têm relacionamento instável, se brigam e não se entendem nas outras searas atinentes à família, conseguirão levar a termo aquilo que se preceitua como a guarda compartilhada? Certamente não. Inviável legar a duas pessoas que não se entendem a liberdade para acordarem sobre quando estarão em companhia de seus filhos. Não acordam em nada! Nada impede, nesse caso, que a visitação seja extensa, ou mesmo que no dia em que restou convencionado a criança estar com um dos pais, ser liberada pelo outro e dialogarem sempre num sentido de compensarem entre eles as formas de acesso aos filhos.

Sou da opinião de quanto mais detalhes e minúcias em relação às visitações, mais o ex-casal descumpre. Quanto menos formalidade e mais flexibilidade, mais os pais se entendem de forma elevada, em proveito dos filhos.

O grande medo dos pais e motivo para vitalizarem a chamada guarda compartilhada é o medo que têm de deixar de ver seus filhos e, consequentemente, participar das decisões importantes no crescimento e educação do menor. Ocorre que isso não é a guarda compartilhada, o instituto a garantir essa participação, mas sim, como dissemos acima, o poder familiar (antigo pátrio poder) que os pais têm sobre os filhos.

É importante que o advogado esclareça tais questões ao cliente, evitando ilusões que trarão problemas e desgastes futuros. O cliente não pode achar que, com o desfazimento do lar conjugal, tudo se manterá do mesmo modo. É normal o padrão de vida cair, o contato com os filhos, apesar de intenso, não ser diário, dentre outras várias questões. A separação deve ser um remédio para resolver um desamor, com a obrigação de se cuidar no mais elevado nível dos filhos havidos em período que se amaram.

8.2 CRITÉRIOS DE VISITAÇÃO

Somos advindos de uma sociedade muito patriarcal, muito machista, em que o homem trabalhava e a mulher ficava em casa. Com isso, quando havia separação, geralmente o homem era aquele famoso "pai de fins de semana alternados" ou "de quinze em quinze dias". Ele visitava o filho um fim de semana sim e outro não, e raras eram as vezes em que ele tinha direito a ter contato durante a semana, para visitar, almoçar, jantar com seus filhos ou mesmo levá-los para pernoitar. As férias escolares eram divididas, havia os princípios do aniversário do pai, do aniversário da mãe, dia dos pais, dia das mães e era dividido o dia do aniversário da criança, passando uma parte do dia com o pai e outra com a mãe, ou o casal, o que era raro, passava junto o dia do aniversário do seu filho. Os feriados passaram a ser uma evolução posterior, notadamente os mais extensos como o Carnaval, Páscoa e o dia de Finados, fora os feriados que caíam próximos aos fins de semana, onde se passou a decretar ponto facultativo um dia antes ou depois, alongando o período de permanência com o beneficiado por aquele final de semana. Esses dias mais representativos passaram a ser divididos entre os pais, como, por exemplo, um ano o pai era favorecido com o Carnaval, Páscoa e Finados, no ano seguinte, a beneficiária era a mãe, ou convencionavam fazer uma alternância em tais eventos.

O final da década de 1960 e início da década de 1970 foi um marco muito importante nesses critérios de visitação, porque a mulher já estava indo para o trabalho, já começava a participar da economia doméstica e isso passou a tornar a mulher mais ausente do lar do que antigamente, quando ela se casava para ser mãe, dona de casa, cuidar de marido e de filho. Com essa evolução, que veio da criação das pílulas anticoncepcionais, a mulher passou a ter uma liberdade total de vida, de poder sair para trabalhar. Foi nessa fase também que foram criadas as primeiras creches para a classe social B, B mais elevada e A, porque antigamente as creches eram para a população de baixa renda, que não tinha condições de deixar os filhos com ninguém. Com isso, a criança passou a ter um lugar onde ficar o dia inteiro, porque o trabalho da mãe era essencial à economia da família. Foi justamente nessa época, depois de 1977, com o divórcio, que começamos a dar mais volume de contato pessoal da criança com o pai. A criança já podia pensar numa visitação paterna de sexta-feira depois do expediente escolar até domingo de noite ou segunda-feira, entregando na escola. Por que domingo de noite ou segunda-feira? Porque muitos casais tinham casas de campo ou de praia, a viagem poderia levar de três a cinco horas, ficando a criança muito fragilizada, passando um longo período de forma incômoda e desconfortável no assento traseiro do automóvel. Não existia nessa época cadeira de criança para carro. Passou-se então a se flexibilizar a entrega da criança direto na escola, na segunda-feira.

Esse período foi interessante também porque, enquanto as mães são, por instinto, supermães, elas não permitiam que os pais pernoitassem com as crianças. Os pais só poderiam ficar com os filhos para dormir depois que a criança completasse quatro ou cinco anos. Hoje, já estamos vendo crianças com menos de um ano de idade com acesso ao pernoite normal dos pais, com a permissão do juiz, pois o mais certo, o mais ritual é a permissão do pernoite após os dois anos de idade.

Passou-se também a dividir o período de férias escolares já programado, o primeiro período e o segundo período, e os feriados de fim de ano. As crianças de fé cristã dividindo o Natal, e os outros dividindo o Ano-Novo. Anos pares, dia 24 com um e 25 com o outro; anos ímpares, dia 31 com um, dia 01 com o outro. E passou-se a criar, já que os pais reclamavam muito que tinham um prejuízo grande de se transformar novamente no pai de fins de semana alternados, passaram a se acordar também, como se disse acima, nos feriados longos, ou seja, Carnaval, Páscoa, Finados. Estes passaram a ser períodos em que as crianças ficariam um tempo maior com um ou com o outro, alternando ano sim, ano não, com os seus respectivos pais.

POSTERIORMENTE, PASSAMOS A OUVIR falar na guarda compartilhada, que, no meu entendimento, nada mais é do que uma interpretação errônea do que significaria critério de visitação.

Mas, no aspecto da guarda compartilhada, passou-se a criar duas leis para a mesma finalidade, uma em 2008 (Lei 11698) e a outra mais recente, em 2014 (Lei 13058), estimulando a participação maior do pai na vida dos filhos, aliás, o que já lhe era assegurado dentro do exercício do pátrio poder desde o Código Civil de 1916. Assim, começou-se a se confundir com a visitação alternativa ou alternada o aspecto de compartilhamento, que seria a divisão do exercício do pátrio poder ou do poder familiar. Essas duas leis, no meu entendimento, redundantes, passaram a criar empecilhos e problemas onde anteriormente não havia tantos, com relação aos critérios de visitação. Por isso, aconselho sempre que se esgotem com seu advogado essas formas ou critérios de visitação pensando no bem da criança, e não no aspecto egoístico do pai ou da mãe de querer ficar mais tempo com o filho para poder vingar algum aspecto mal sucedido na relação afetiva que eles tiveram.

8.3 VISITAÇÃO DE PAIS QUE RESIDEM EM DOMICÍLIOS DISTINTOS, INCLUSIVE NO EXTERIOR

É muito comum o casal se separar e estabelecer as condições da separação. Mas não significa que, na separação, ela e ele vão continuar morando na mesma cidade. Amanhã surge uma oportunidade, por exemplo: ela se envolve emocionalmente, começa a namorar um cidadão norte-americano. Eu tive esse caso na minha vida profissional. Ela tinha quatro filhos e ficou encantada com o vice-presidente de uma grande empresa de refrigerante nos Estados Unidos e queria ir para lá. Como o pai, que tinha afeto pelos filhos, adorava os filhos, ia fazer?

HOJE ESTABELECEM-SE regras interessantes. Há uma compensação. Se ela ou ele vão para um lugar distante, em vez de ser um pai de fim de semana, um sim, um não, alternado, ele passará a ter direitos maiores.

Por exemplo, se ela vai morar em um lugar a cinco, seis horas de distância de carro, ele tem direito a ficar um período maior durante as férias escolares. Em vez de dividir as férias escolares, ele fica com dois terços. Nos meses em que há cinco fins de semana, ele fica com três e ela com dois. Nos feriados longos, ele terá privilégios de passar sempre o Carnaval, a Páscoa, Finados e Ano-Novo. Tem de compensar, porque os filhos não podem ficar prejudicados pelo fato de os pais estarem em locais diferentes.

Capítulo 9

— *A Importância dos Avós na Família de Seus Filhos e Netos*

NAS DÉCADAS DE 1940 e 1950, a figura dos avós integrava a família do jovem casal, principalmente nos fins de semana, quando as crianças permaneciam na residência dos avós para que o casal pudesse se divertir com amigos e até mesmo viajar. Os avós eram comumente chamados para ficar com os netos quando esses estavam com algum problema de saúde. Em suma, a experiência dos avós era usada e algumas vezes abusada, mas sempre recebida com muito amor, pois podiam, em alguns dias do mês, manter uma convivência mais expressiva e salutar com os seus netos. Tenho excelente recordação de meus avós, tanto maternos quanto paternos, do carinho e atenção que deles recebia nos fins de semana rituais que com eles passava ou mesmo nas reuniões que as famílias usualmente faziam aos domingos, onde todos os parentes, tios, primos, avós se encontravam para um almoço ou um lanche no horário próximo ao jantar.
Isso modificou-se um pouco.

EU TENHO SENTIDO uma interação muito maior dos avós com os netos; essa interação é tão grande que venho presenciando avós baterem às portas dos escritórios especializados, dizendo "Eu não consigo ver meus netos. Doutor, eu tenho direito?".

Lógico que tem! Os avós, então, buscam na Justiça pelo menos o direito de passar um fim de semana por mês com os netos, ou uma semana nas férias escolares. Está havendo muito essa busca, de uma aproximação maior entre os avós e os netos.

9.1 A ADOÇÃO PELOS AVÓS

A ADOÇÃO pelos avós nos dias atuais está sendo muito comum por questão de infantilidade e imaturidade dos pais.

A menina jovem engravida e não tem maturidade ou condições financeiras para ter e cuidar daquela criança. Posteriormente, acaba namorando outra pessoa e deixa os avós cuidando da criança. Arranja um namorado noutro estado e some, ou aparece de vez em quando para ver seu filho, sem ao menos se preocupar durante a semana em dar um telefonema para saber como seu filho se encontra, aquela criança que deixou aos cuidados de seus pais por alguns dias que se transformaram em alguns meses e anos. Numa hora dessas, é muito importante, primeiramente, se houver esse abandono afetivo da mãe ou do pai, os avós tomarem a iniciativa de pedir a guarda, partindo inicialmente para um diálogo com seus filhos, ou sob qualquer resistência ou ameaça deles, pedir efetivamente a guarda em Juízo e estabelecer formalmente esse vínculo. E depois, se for o caso, adotar a criança. Para ela poder sentir que teve verdadeiros pais adotivos, que foram seus avós.

EU ME LEMBRO de um caso muito bonito nos Estados Unidos. Um jovem, um garoto que aos cinco anos de idade foi largado pelos pais e criado pelos tios. Quando o menino tinha dezesseis anos, os pais resolveram pedir a guarda dele porque ele tinha herdado de outro parente uma fortuna e ficado rico. Os pais, então, resolveram brigar com os tios para conseguir a guarda. E essa criança tomou a iniciativa de entrar com um processo *sui generis*; ingressou com um pedido de divórcio dos pais biológicos e o obteve. Ele desvinculou-se afetivamente dos pais, que perderam o pátrio poder ou poder familiar, que passou a ser atribuído aos tios, que já o criavam e assumiram o menor desde seus primeiros anos de vida.

Capítulo 10

As Modificações de Cláusulas no Divórcio e na Dissolução da União Estável

Tanto no divórcio quanto na dissolução da união estável existe a possibilidade, conforme vai havendo a evolução da idade dos ex-casais e dos filhos, de se modificar o que foi pactuado anteriormente.

Por exemplo, na hora que se faz a separação, o divórcio, as crianças têm de dois a cinco anos de idade. Dez anos são passados, as crianças estão na adolescência e os custos de manutenção passam a ser bem maiores, as férias escolares passam a ser mais custosas. Então há um princípio em Direito de Família que nós temos que partir para esse foco. O critério de visitação, a guarda e os alimentos não fazem coisa julgada (ficam estáticas sem possibilidade de modificação), podem ser sempre alterados conforme a fase que as crianças estão vivendo. O que denominamos de regra *rebus sic stantibus* possibilita a mudança dos critérios anteriores. Ora, se estipulado um valor fixo de pensão de alimentos, e houve uma inflação grande que passou a engolir o principal fixado, mesmo com uma atualização, seja pelo IGPM ou por outro índice correcional, pode o interessado mobilizar o Poder Judiciário para alterar aquele critério.

Vamos colocar outra situação. O pai, quando pagava a pensão, estava empregado e ganhava muito bem. Porém, perdeu o emprego e está vivendo com o que lhe sobrou do Fundo de

Garantia, da indenização recebida e, portanto, não tem mais condições de manter o padrão de outrora. Ele pode buscar a Justiça e pedir para reduzir aquele padrão. A mãe, por sua vez, casou-se com uma pessoa rica, que tem condições financeiras esplêndidas e está proporcionando aos meninos uma vida que o pai não pode dar. Este está mantendo aquele mesmo valor histórico e não havendo a necessidade dos filhos de receber tal soma pois restou insignificante, pois a contribuição materna, não se importando a origem, tem sido representativa. Nesse caso também o pai, se lhe interessar, pode vir em juízo pedir para reduzir o que ele tem pago por mês, uma vez que o fator habitacional e outros aspectos básicos, vêm sendo pagos pela ex-mulher que constituiu formal ou informalmente uma nova união que vem trazendo benesses para os credores dos alimentos, superando suas necessidades. O fator dos alimentos também teve modificação significante. Ela eventualmente teve filhos com esse novo marido. Portanto, os valores acordados anteriormente perderam um pouco o rumo, pois houve o que chamamos de alteração na capacidade de quem paga ou na necessidade de quem recebe. Houve modificação. O fator da alteração dos alimentos também se prende ao aspecto de que os alimentos são devidos, em princípio, até a maioridade civil, dezoito anos, ou se os filhos estiverem cursando uma faculdade em um rito ordinário, e não fazendo pós-graduação. Sendo assim, o filho continua recebendo o valor que o pai paga de pensão desde os dezoito anos até os 24, 25 anos de idade, a não ser que ele se forme antes ou obtenha um emprego que lhe proporcione estabilidade. Um simples estágio inicial numa atividade com remuneração baixa não justifica a modificação para menos de um pensionamento paterno.

Esse detalhe da pensão ir até os 25 anos de idade ou até que o jovem se forme tem sido muito explorado de forma positiva e negativa. Eu já vi jovens que são credores de pensões elevadas e estão cursando universidade prorrogarem seus estudos; em vez de terminar o curso em quatro anos, ficam fazendo em sete, oito anos, para continuarem recebendo a pensão. Isso existe, e é preciso tomar muito cuidado para evitar tais abusos, que não são rituais, mas ocorrem.

Outro critério para alteração de cláusula é a vontade da criança. O menor já está com dez ou doze anos de idade e diz "Não quero mais morar com a minha mãe. Minha mãe se casou com um cara chato, eu não gosto mais dele. Eu quero agora morar com meu pai. Meu pai tem mais tempo para mim, faz esporte comigo, me leva para passear no fim de semana, eu adoro. A gente vai para casas de praia dos amigos dele, para casas de campo, e a mamãe fica lá enfurnada em casa com os amigos dela, e isso está me chateando. Eu tenho as minhas festinhas, os contatos com meu grupo, minha namorada, meu namorado, e quero conviver com meus colegas e amigos". Quando isso ocorre, pode-se perfeitamente criar uma fórmula e alterar o critério de visitação, e até mesmo o de guarda, porque o jovem, quando atinge os doze anos de idade, o próprio Estatuto da Criança e do Adolescente dá a ele o poder de opção, de escolha de com quem quer ficar. Isso já está se verificando até de uma forma mais expressiva, com as crianças de oito, nove anos de idade já dizendo "Não quero mais ficar com a mamãe.

Quero ficar com o papai. Eu gosto dos dois, mas tenho mais atenção na casa do meu pai" ou "na casa da minha mãe". E essa fase de pré-adolescência e adolescência tem mobilizado muito o Poder Judiciário para apreciar ações dessa natureza de modificação de cláusula.

Capítulo 11

— *O Segundo, Terceiro Casamento ou a Nova União Estável*

É MUITO COMUM HOJE, depois da separação ou do divórcio, as pessoas encontrarem outra pessoa, se relacionarem e passarem a viver juntas, como se fossem casadas. Muitas vezes, vêm de uniões onde ele tinha filhos, ela também, ou não tinham filhos, e passam a constituir uma nova família. Então, é muito importante que, nessa nova constituição de família, ele e ela não se preocupem de uma forma egoística com as vaidades e os caprichos de um e do outro. Olhem os filhos, olhem as crianças, porque eles vão ser direta ou indiretamente irmãos, uma vez que vão passar a conviver no mesmo lar, onde o pai é o pai e a mãe é outra pessoa, e vice-versa. Isso está sendo muito comum e corriqueiro.

Eu aconselho sempre que o casal regularize a sua situação. Se você está divorciado, case-se. Regularize o casamento ou a formalização de uma união estável.

Não fique naquela de "deixa estar para ver como fica". Essa insegurança envolvendo o casal também traz uma insegurança aos filhos de cada um e aos filhos comuns do casal.

O terceiro casamento pode ocorrer também, embora não seja muito comum na nossa sociedade brasileira.

CONHECI NA MINHA vida profissional um cidadão que chegou a se casar cinco vezes formalmente. Ele tinha, por hábito, em seus casamentos, servir um bom Champanhe Cristal, e eu era seu advogado, preparava os pactos antenupciais ou mesmo os de união estável. Até antes mesmo de existir o divórcio no Brasil, quando havia apenas o desquite, fiz para ele um desquite e um pacto de união estável. Depois, participei de todos os eventos desse cliente casadoiro, e ele sempre me dizia "Paulo, pode ficar tranquilo que a sua garrafa de Cristal está garantida na comemoração".

Seja união estável ou casamento, tanto faz, eu oriento sempre que o casal busque a formalização, a regularização, e não deixe ao léu uma possibilidade de colocar-se em discussão questões econômicas. "Isso aqui era meu anteriormente", "Isso nós compramos durante, mas foi com o meu dinheiro", ou "Você não tinha dinheiro, e eu tenho". Então, no momento em que bate a discussão financeira dentro do lar, passa a existir a fragilidade da possibilidade de um rompimento do casal, com a desconfiança reinando entre ambos.

Capítulo 12

— A Adoção pelo Padrasto ou Pai Afetivo

A MENINA ENGRAVIDOU, uniu-se ou não ao rapaz, viveu ou não viveu com ele, casou ou não casou. Ou o casamento durou apenas um ou dois anos, e o pai sumiu. Ela se envolve com outro homem, que assume a jovem e o filho e, paulatinamente, ele começa virar pai. Eu posso colocar adoção à brasileira e adoção entre os novos casamentos. Quando a criança está com dez, doze anos de idade, pergunta-se onde está o pai biológico? Não tem pai. Ela então procura, às vezes não acha, mas às vezes acha. No telefone ou pessoalmente, o advogado fala com esse pai, que diz: "Eu não tenho a menor afeição. O senhor quer que eu faça o quê?". E o advogado insiste e procura, num contato pessoal, que o pai biológico concorde com um processo de adoção, para proteger e beneficiar o menor que já reconhece e elege outrem como seu verdadeiro pai. Isso ocorre muito e evidencia o lado social e humano da atuação do advogado de família.

EU CONHEÇO OUTRO caso de uma jovem, há uns trinta anos. Namorava em casa, morava na Tijuca, tinha uma família conservadora. Mas, na realidade, ela transava às escondidas com o vizinho. Tinha sido o primeiro homem dela, e ela acabou engravidando. Quando ela engravidou, passou algum tempo e a mãe perguntou: "Minha filha, você está com a barriga diferente. Você está grávida do Rui?". Rui era o noivo dela. Foram então ao médico. Chegando lá, o médico disse que ela estava grávida de uns três meses. A mãe procurou o Rui e disse: "Ou você casa ou eu vou para a polícia com você." Não era nem caso de polícia, porque ela tinha uns dezesseis, dezessete anos. Rui era muito tímido. No pavor, o rapaz casou, mas nunca chegaram a conviver. Quando a criança nasceu, ele a registrou pressionado e a pedido da *ex-sogra*. Anos depois, eles se divorciaram, e ela continuava a se relacionar com o vizinho. Estes, então, passaram a viver juntos e finalmente se casaram.

O Rui registrou a criança e desapareceu. Anos depois, o vizinho e ela compareceram ao meu escritório para tentar regularizar a situação do filho. Eu entrei com uma ação contando a história e o juiz anulou o registro de nascimento que o Rui fez, determinando sua retificação e apondo o nome do pai biológico da criança e novo marido. Tudo isso resolvido numa audiência de instrução e julgamento, com a presença das partes, seus advogados e do Ministério Público. Nessa época, nem DNA havia, mas tanto o juiz de família quanto o promotor de justiça alcançaram, longe de burocracias, o ideal e protetivo para a criança que estava envolvida no caso muito original.

É muito comum a adoção pelo padrasto ou madrasta, que assumem as condições de pais afetivos após exercer a verdadeira função da paternidade/maternidade afetuosa após a separação dos pais da criança. Por mais que exista uma resistência dos pais biológicos e até mesmo o natural afeto desses aos seus filhos, quando do evento da separação e da reconstituição da vida afetiva de seus pais, o novo protagonista da função paterna ou materna, mesmo algumas vezes chamados de tio ou tia, assume a condição fática de pai ou mãe. Algumas vezes ocorre o desaparecimento de um dos genitores daquele apego diário constante e mesmo do quinzenal por algum motivo, seja alteração de domicílio para lugar distante, novo casamento com estrangeiro, obrigando a residência noutro país, ou ainda a atividade profissional de um ou de outro, obrigando-os a permanecer mais tempo fora do domicílio de seus filhos havidos de uniões anteriores. Num ponto é muito triste e prejudica os aspectos psicológicos das crianças, mas noutro, essas ganham afetivamente, suprindo a necessária função biológica do pai ou da mãe com o novo parceiro(a) de seus respectivos guardiães.

Nesse aspecto, não adianta se estabelecer guardas exclusivas, compartilhadas, pois, como já expressei aqui, essas terminologias possuem mais função midiática que efetiva para o interesse das crianças nas fases separatórias. Essas precisam mesmo é de amor, carinho, atenção, de alguma pessoa que com elas converse, passeie, se divirta e chore nos momentos tristes da vida. Deste suprimento é que surge inevitavelmente a figura do *novo* pai ou mãe, que passam a assumir de fato a função efetiva de genitores.

> MUITAS VEZES SE POSTULA, junto a advogados especializados, a efetivação de adoções, por parte desses novos pais, para suprir a carência ocorrida por anos da participação física ou afetiva daquele que, por qualquer motivo, se afastou do dia a dia de seus filhos.

Esse evento deve ser visto como natural e não se devem buscar resistências caprichosas para se evitar a consumação de uma realidade vivenciada por anos pelas partes envolvidas. Os pais biológicos jamais deixarão de ser pais, mas a real função e de interesse da criança é daquele que vive, permanece e está sempre ao lado do menor, em todas as suas etapas da vida, algumas vezes desde seu nascimento até seu casamento, já em idade bem distante da separação originária de seus pais biológicos.

É importante para a regularização desses casos que se procure o profissional especializado, buscando sempre uma via conciliatória, evitando os litígios que prejudicam todo o bom interesse que a criança deve merecer nesse momento.

Capítulo 13
— *Testamento, Interdição e Planejamento Sucessório*

13.1 Testamento

ALÉM DA MATÉRIA já exposta, é habitual, durante o amadurecimento do casamento, a discussão entre os cônjuges sobre o destino do patrimônio individual ou o amealhado em comum entre ambos, dependendo do regime de bens optado antes do casamento.

É O MOMENTO DE se pensar na orientação do advogado de família, no estudo do que o casal pretende para a elaboração de um planejamento sucessório, preparando o destino do patrimônio mobiliário ou imobiliário ainda em vida, como também na redação de um testamento público.

Temos que levar em conta notadamente as alterações havidas no Direito de Família e das Sucessões com o advento do Novo Código Civil Brasileiro, que entrou em vigor a partir de janeiro de 2003. Os cônjuges que optaram pelo regime da separação formal de bens hoje são herdeiros necessários, concorrendo de forma igual entre os descendentes e os ascendentes. Como dispor e organizar os aspectos sucessórios desses casais? A solução é a boa orientação do advogado de família, que surge como planejador da segurança da continuidade daquela família em relação aos seus descendentes e ao cônjuge supérstite.

Quatro são as formas de transferência de bens aos herdeiros: (1) inventário; (2) doação de bens em vida; (3) inventário de quotas ou ações; e (4) doação de quotas ou ações com cláusula de usufruto.

O inventário de bens é a forma mais dispendiosa, a mais morosa, embora a mais comum. Ocorre que as pessoas têm certa repulsa em tratar da morte e dos assuntos patrimoniais a ela inerentes ainda em vida – os herdeiros sentem-se constrangidos em tocar no assunto e são impedidos, pelo artigo 426 do diploma de civil, de pactuarem sobre herança daquele que ainda vive. Por outro lado, para o futuro autor da herança, admitir a possibilidade da morte é tarefa difícil, preferindo por vezes adiar o assunto ou ignorá-lo, sem pensar que, ao fazê-lo, poderá estar criando dispendiosa e dolorosa briga entre seus parentes no futuro. O processo de inventário inúmeras vezes envolve discussões e discórdias entre os herdeiros, deixando sequelas eternas na estrutura familiar, mas é necessário, quando não resolveu o autor da herança deixar testamento, ou mesmo o deixando formalizado, obrigar os herdeiros a cumpri-lo.

No tocante ao testamento, o advogado deverá analisar com cautela e atenção todo o patrimônio do cliente, arquitetando da melhor forma possível, dentro dos limites legais, a divisão futura dos bens entre os seus herdeiros e eventuais legatários. Para tanto, é de extrema importância a boa relação entre o advogado e seu cliente, para que haja uma confiança recíproca. É necessário que o cliente sinta-se confortável para demonstrar ao advogado a extensão exata de seu patrimônio, bem como deixar claro o que pretende organizar entre seus sucessores e eventuais legatários,[27] que seriam beneficiados com a parte disponível.

Tenho por hábito sempre pedir aos interessados em formalizar um testamento, orientando sempre pelo público, que a partir dos sessenta anos de idade providenciem no mínimo dois atestados médicos emitidos por um psiquiatra, neurologista, ou mesmo um clínico geral que esteja acostumado com seu paciente, o ora testador. É um simples atestado que afirme a sanidade mental do cliente para emitir sua volição na realização de um testamento.

NA MINHA VIDA profissional, tive uma ocorrência muito interessante, quando me compareceu no escritório um cidadão de uns setenta e muitos anos, acompanhado de sua filha, que conduzia uma cadeira de rodas onde seu pai era levado. Ela veio ao escritório e me disse que havia trazido o pai para a formalização de um testamento, pois ele pretendia deixar para ela toda a sua parte disponível. Indaguei dele, e ele, por gesto, balançando verticalmente a cabeça, emitia a imagem de sim. Informei que

---

27 Legatários são os herdeiros que a lei não define como obrigatórios. Os herdeiros obrigatórios são os sucessores.

precisaria de dois atestados médicos comprovando a sanidade mental dele, que em seguida balançou a cabeça concordando com meu pedido, seguindo a filha que me afirmara que os traria no dia da lavratura do ato notarial. Pedi os documentos de praxe, tais como cópias das certidões de nascimento e identidade dos herdeiros necessários e sua de casamento, indaguei se era viúvo, tendo ele novamente balançado a cabeça de forma afirmativa. Redigi o texto do testamento e encaminhei para um experiente tabelião na cidade do Rio de Janeiro. Dias se passaram quando recebi um telefonema do referido notário, que me perguntou: "Paulo, ele conversou com você? Falou alguma coisa?". Rapidamente me lembrei do fato e recordei que somente por gestos positivos balançando a cabeça. O experiente tabelião me disse: "Paulo, ele não fala." Após receber da filha toques em sua perna (ele sempre estava sentado em cadeira de rodas), ele balançava positivamente a cabeça, ao que parece a pedido da mesma. O notário se recusou a lavrar o ato, e ainda me informou que trouxeram um atestado emitido por uma psicóloga, e não um psiquiatra. Soube tempos depois que, lamentavelmente, esse cidadão conseguiu lavrar o testamento com terceiros notários.

Por isso, nessa fase em que o advogado é buscado por seus clientes para estudar e redigir esse ato notarial de última vontade, ele se reveste de uma grande responsabilidade, pois irá orientar o testador de forma tal que não permita oportunamente uma eventual tentativa de anulação ou nulidade desse ato. Os atestados médicos, assegurando a sanidade mental do testador, devem ser incorporados ao próprio testamento.

A escolha do tabelião também é muito importante para o advogado, pois tem que haver uma sintonia entre ambos, uma vez que ele, na lavratura, também orienta a finalização e coordena os detalhes impostos muitas vezes pela Corregedoria, cujas inserções podem resultar num risco futuro da validade do ato notarial.

13.2 Interdição

Nos últimos dez anos, os pedidos de interdições vêm aumentando muito diante da realidade do Mal de Alzheimer, que vem surgindo muito precocemente em nossa sociedade. Além dos portadores desse e de outros males que afetam o cérebro, há o fator da longevidade, que também cresceu, fazendo com que muitas pessoas ultrapassem os cem anos de idade, poucos com lucidez capaz de gestar os atos da vida civil.

QUANDO OS SINTOMAS da desorientação passam a ser perceptíveis por algum parente, é importante que se busque a assistência de um advogado especializado para que a família receba essas primeiras orientações.

Muitos interditandos são passivos e até mesmo estimulam que seus filhos ou parentes próximos busquem o Poder Judiciário para o requerimento de sua interdição. Mas outros não, insistem em viver, num estado de desequilíbrio, seja financeiro ou mesmo de coordenação de vida, impondo que se tome a iniciativa contra a sua vontade. O Código Civil, de forma expressa em seu artigo 1.767, estabelece os cinco tópicos que justificam o requerimento da interdição, estabelecendo no artigo seguinte as pessoas que podem tomar a iniciativa, como os pais, os cônjuges ou qualquer outro parente. O Ministério Público também poderá agir no interesse do interdito, na carência de parentes no caso de doença mental grave.

O juiz designará um perito (psiquiatra forense) e fará uma inspeção pessoal no interdito, que, dependendo das condições físicas do interdito pode ser feita no local onde ele se encontra, como é o caso, por exemplo, quando o interdito está internado ou não tem condições de sair de casa. Nomeado o curador, este será o responsável pela administração dos bens e pelo cuidado pessoal do interdito, devendo prestar contas dos valores que utilizar.

Não é comum, mas temos visto no Poder Judiciário disputas entre herdeiros necessários de patrimônio do interdito, buscando através de uma iniciativa premeditada levar alguma vantagem na relação sucessória de seu parente.

NOUTRO ASPECTO, já vi na experiência profissional filhos de pais ricos buscarem um advogado para requerer a interdição de seu pai, pois esse, viúvo ou divorciado, está gastando muito com a sua nova união com uma pessoa bem mais jovem. Nesse caso, solicitei a presença do candidato à interdição ao escritório e de sua voz ouvi: "Dr., trabalhei muito durante a vida e fiz fortuna. Gostaria agora, no final de minha vida, de merecer algum conforto e aproveitar o que não pude fazer durante a fase de criação dos filhos e depois, já amadurecido, quando tive que dar a assistência ao convalescimento de minha mulher que veio a falecer." A segurança era tão grande do pai que chamei os filhos e expus o que ouvi, resultando na desistência deles de tomar tal iniciativa totalmente despropositada contra o genitor.

O advogado, em procedimentos dessa natureza, tem que confiar também em bons profissionais da mente humana, buscando informações com bons psiquiatras para saber se as ações do interdito são inclináveis a torná-lo ou não incapaz para os atos da vida civil. Profissionalmente, não tomo atitude alguma sem grande respaldo de bons psiquiatras.

13.3 Planejamento sucessório

O PLANEJAMENTO SUCESSÓRIO tem sido uma ferramenta cada vez mais utilizada para garantir a partilha do patrimônio de maneira eficiente e para dar uma continuidade mais estável a eventuais atividades empresariais.

Habitualmente, o processo de inventário consome cerca de 10% do patrimônio em caso de falecimento de pessoa que não tenha optado pela implementação de um bom e bem organizado planejamento sucessório em vida.

As vantagens do planejamento sucessório delineiam-se com as duas últimas opções, envolvendo transferência de bens para uma empresa. Os bens integralizados serão *substituídos* por um determinado número de quotas ou ações representativas de seus valores, que podem ser distribuídas aos herdeiros. Em caso de falecimento, haverá economia tributária, além da diminuição das discórdias entre os herdeiros, pois a partilha não incidirá especificamente sobre os bens, mas sobre as quotas ou ações representativas do valor desse patrimônio.

A quarta e mais econômica opção é a transferência de bens para a empresa e posterior doação das quotas ou ações aos herdeiros com cláusula de usufruto, pois, por ocasião do falecimento, a titularidade das quotas ou ações será transferida automaticamente aos herdeiros. O doador continuará com a posse e com a efetividade das quotas ou ações, estando na completa gestão dos negócios. Enquanto o doador estiver vivo, será como se nenhuma doação tivesse ocorrido, e por ocasião do falecimento não será necessário abrir processo de inventário, bastando o registro do atestado de óbito na Junta Comercial com a alteração contratual ou, no caso de uma sociedade anônima, apenas o arquivamento do atestado na própria sociedade e averbada a transferência efetiva nos livros da sociedade.

O PLANEJAMENTO SUCESSÓRIO, que também pode ser encontrado sob a denominação de inventário em vida, consiste em uma solução jurídica que visa à divisão antecipada do patrimônio entre os futuros herdeiros, de maneira a evitar – ou ao menos drasticamente reduzir – a incidência de carga tributária sobre a transmissão de bens por ocasião do falecimento.

No plano de planejamento, a solução mais comum e utilizada para evitar problemas ao longo do trato sucessório é a criação de empresa na modalidade de *holding*. Conceitualmente, será considerada como *holding* aquela empresa criada com a única finalidade de controlar/gerenciar outras companhias ou patrimônio. Sob esse aspecto, a doutrina enxerga a existência da categoria de *holdings* familiares, utilizadas para concentrar patrimônio e, por conseguinte, facilitar a administração patrimonial e eventual sucessão.

Nesse passo, a *holding* familiar constitui-se em verdadeira forma de antecipação de herança, pois o dono do montante poderá doar aos seus herdeiros quotas da referida, gravando-as ou não com cláusulas em seu favor, tais como a de reversão, inalienabilidade, impenhorabilidade e incomunicabilidade.

É possível efetuar o planejamento sucessório também mediante doações de bens em vida. Entretanto, apesar de promover evidente vantagem na organização patrimonial, não há que se falar em vantagem tributária, pois, quando da formalização do ato, haverá incidência de imposto, sendo essa forma muito dispendiosa, pois haverá custo elevado de imposto, despesas com certidões diversas, custo de honorários com advogado, além das despesas para a regularização dos efeitos dessas doações.

13.4 MORTE DO CÔNJUGE OU DO CONVIVENTE

Não é preciso lembrar: nem todo casamento encontra seu término no desgaste do relacionamento, na insuportabilidade da vida em comum. Muitas vezes, é a morte que vem a pôr fim ao matrimônio e, nesse caso, é indispensável a consulta a um advogado especializado em família e sucessões.

A MORTE DE um dos cônjuges traz a necessidade de análise do regime de bens que vigorava durante o matrimônio, para que seja estabelecida a meação e/ou a parcela do quinhão hereditário a que o cônjuge sobrevivente terá direito.

Ademais, deverão ser analisadas as disposições testamentárias, caso houver, além de apreciação das doações feitas em vidas e do patrimônio de modo geral. É nesse momento que o profissional especializado age no sentido de providenciar o inventário do cônjuge falecido, orientar sobre os valores apurados deixados e a respectiva partilha entre o supérstite, se suceder ou for meeiro,[28] e os demais herdeiros.

Destaque-se que, ao menos no Brasil, o cônjuge e o companheiro, a despeito da igualdade de status cedida pela Constituição ao casamento e a união estável, têm direitos muito discutidos na questão sucessória, notadamente após o advento do Novo Código Civil. A jurisprudência ainda está se firmando no sentido da aplicação dos princípios igualitários determinados pela Constituição Federal, muito embora divergentes do texto do Código Civil, o que deverá ser muito bem explicado pelo advogado de família ao cliente nesse momento.

Outros aspectos envolvem o companheiro na sucessão quando se discutem os problemas previdenciários e no caso da pensão alimentícia devida por um ao outro durante a vida do primeiro. Essas matérias são frequentes e batem na porta do advogado especializado em busca de orientação.

No aspecto previdenciário, se credora a primeira mulher ou companheira do falecido, terá de proporcionalmente dividir ou partilhar na forma de 50% para cada beneficiário. Os entendimentos variam, não sendo, portanto, unânimes. No ponto envolvendo o crédito alimentício há também a necessidade do advogado especializado em família intervir,

---

28 Meeiro não é obrigatoriamente herdeiro. O meeiro é o cônjuge que tem direito à metade dos bens em comum do casal. Se o regime for o da comunhão universal, o meeiro terá direito a 50% de todo o patrimônio. Se for o da comunhão parcial, o meeiro terá direito à metade dos bens adquiridos na constância do casamento ou união estável. Isso significa que os bens do meeiro não fazem parte da herança.

se o espólio[29] irá ou não continuar a honrar os compromissos assumidos em vida pelo *de cujus*. Deverá o espólio figurar como alimentante? Os herdeiros terão de pagar a pensão devida a terceiros, às vezes estranhos à relação sucessória? A obrigação se extingue? São questões que, novamente, como é comum no Direito de Família, devem ser analisadas caso a caso. O advogado deve buscar compreender como a família interage, se há socioafetividade ou ligação biológica entre o ex-cônjuge sobrevivente e os herdeiros, se há condições de autossustento, qual a opinião dos herdeiros, sem prejuízo de outras análises e questionamentos, desde que integrem o conjunto de elementos necessários para a correta convicção a respeito do melhor caminho a seguir.

13.5 SUCESSÃO DO SOBREVIVENTE

Com o óbito do marido ou do companheiro, abre-se a sucessão deste. Qual o status das partes, casados? Por que regime? União estável, formal ou informal? Se formal, por que regime? Se informal, teremos que aplicar por analogia os princípios do regime da comunhão parcial. Possuíam bens em comum? Eram condôminos meeiros? Possuíam filhos? Algum genitor vivo? Deixou o falecido algum testamento público ou privado?

---

29 Espólio é o conjunto de bens deixado pelo cônjuge falecido que será dividido entre seus herdeiros, após o pagamento dos credores, se houver.

> EM SUMA, com o óbito, terão as partes de buscar o apoio para o preparo da sucessão do sobrevivente com o advogado especializado, que estudará a melhor viabilidade para a regularização do processo da transmissão da herança e adequação das novas condições dos bens deixados pelo falecido.

As opções são diversas, desde a feitura da partilha por escritura pública ou com a simples abertura do inventário em Juízo de Sucessões, adequando-se os termos do eventual testamento deixado pelo falecido.

Todos esses aspectos possuem prazo e sutilezas que somente poderão ser resolvidas pela experiência do profissional escolhido. A União Federal, o Estado e o Município ficam muito atentos aos detalhes do processo sucessório, pois a arrecadação é expressiva nesses atos de transferência e de partilha dos bens entre os herdeiros necessários, os cônjuges ou os passíveis de sucessão, no caso da inexistência dos mencionados herdeiros necessários. Com o advento do Novo Código Civil Brasileiro em 2002, muitas novidades foram trazidas no campo sucessório envolvendo os cônjuges e os respectivos filhos, tudo dependendo do regime de bens e, mais ainda, da insegurança do Código em relação à sucessão entre os conviventes, formais ou informais. O Poder Judiciário ainda não está coeso nas interpretações dessas novas normas jurídicas, por isso urge uma assistência bem especializada para evitar prejuízos irreparáveis às partes envolvidas no processo sucessório.

13.6 DESERDAÇÃO

EM SENTIDO TÉCNICO, deserdar significa privar o herdeiro necessário de sua quota legítima na sucessão, usualmente mediante disposição de última vontade (testamento) do autor da herança fundamentada em uma das causas taxativas previstas em lei, e desde que preenchidos os demais pressupostos legais.

Alguns países como Argentina, Espanha e Portugal ainda consagram o instituto da deserdação, enquanto outros, como Estados Unidos, Inglaterra e México, não a contemplam legalmente. Nestes, o hereditando (titular dos bens a serem herdados) goza de ampla liberdade na designação de sucessores.[30]

É importante não confundir deserdação com indignidade. Ainda que ambos os institutos possuam a finalidade de promover a exclusão da sucessão daqueles que praticaram atos censuráveis contra o *de cujus* ou pessoas próximas a este, a deserdação somente pode ser iniciada mediante obrigatória declaração de vontade do autor da herança. Enquanto as causas de indignidade estão taxativamente expressas no artigo 1.814 do Código Civil Brasileiro, as que se referem à deserdação sofrem uma ampliação, pois abrangem aquelas relativas a indignidade e também outras de cunho específico.

---

30 CARVALHO, Luiz Paulo Vieira de. *Direito das Sucessões*. São Paulo: Atlas, 2014.

Há quem sustente, ainda, posicionamento no sentido de que a indignidade decorre da lei, enquanto a deserdação é tratada como sanção imposta pelo autor da herança em sede testamentária e em desfavor daquele herdeiro necessário que tenha praticado qualquer um dos atos previstos nos artigos 1962 e 1963 do Código Civil.

Esses dispositivos legais cuidam de causas específicas de deserdação em razão de atos praticados de descendentes contra ascendentes, bem como de atos praticados diante de lógica inversa, sendo estas: (I) ofensa física; (II) injúria grave; (III) relações ilícitas com a madrasta/padrasto ou com a mulher ou companheira do filho ou do neto, ou com o marido ou companheiro da filha ou da neta; (IV) desamparo do ascendente, filho ou neto em alienação mental ou grave enfermidade.

Em suma, toda causa de indignidade é também de deserdação, enquanto a afirmação inversa não procede.

Nesse passo, é imperioso elencar os pressupostos necessários à deserdação, quais sejam: (I) existência de herdeiros necessários; (II) testamento válido, eficaz e com cláusula de deserdação – artigo 1964, parte final, do Código Civil; (III) expressa declaração da causa – artigo 1964, primeira parte, do Código Civil –, dentre aquelas taxativamente previstas em lei; (IV) propositura de ação de deserdação – artigo 1965, parágrafo único do Código Civil, s.m.j., processo de conhecimento pelo rito ordinário.

Na abertura do inventário, caberá ao herdeiro remanescente ou instituído o direito de sustentar os termos da deserdação, que resultará no seu proveito material pelo aumento de seu quinhão.

Ao deserdado também lhe são concedidas as condições para contestar a validade desse ato do autor da herança, visando a lhe prejudicar, juntando as provas que puder para justificar por alguma razão que o ato fora abusivo e carreado em fatos inexistentes e falta de objeto e consistência do testador.

> É MUITO RARO ocorrer a deserdação, e muitas vezes os motivos, mesmo que expressos pelo autor da herança no ato notarial, não são respaldados na lei, o que levará o magistrado à anulação dessa condição restritiva, favorecendo o herdeiro prejudicado.

Por fim, há de ressaltar que não há previsão legal quanto ao possível perdão proferido pelo testador em favor do deserdado. Entretanto, doutrina majoritária entende pela possibilidade do perdão expresso, ressaltando pela desnecessidade de justificativa para a concessão do referido. Para tanto, bastaria a lavratura de testamento posterior ao que contém a cláusula de deserdação, com isso partindo-se do princípio de que deve prevalecer o último testamento, dessa forma, ficam sem efeito os atos anteriormente expressos no ato notarial de última vontade, revogado expressamente no novo ato jurídico.

Capítulo 14
— *Conclusão*

Capítulo 6

Conclusão

DENTRO DO ESPÍRITO vocacional do advogado de família não há espaço para ser beligerante. É preciso lutar de início para evitar o confronto. A ninguém interessa o litígio. As partes se irritam, os advogados se desgastam e, quando crianças estão envolvidas, os prejuízos se tornam incalculáveis e irreversíveis, permanecendo em definitivo nas respectivas formações psicológicas, traumatizando para sempre a recordação nefasta dessa época.

> DESDE O PRIMEIRO CONTATO, é essencial a tentativa de vislumbrar saída conciliatória. É instintivo ou vocacional para este campo do direito. O acordo será de grande valia, trazendo a paz àquele casal em conflito.

Nós somos advogados de família e não litigantes ou pugilistas com formação guerreira. Diferimos inclusive da expressão muito usada por advogados franceses, quando se referem ao profissional que se dedica ao contencioso forense como um verdadeiro *combatant*. Essa vocação será aplicada oportunamente, caso os lídimos esforços conciliatórios sejam perdidos ou deixados em vão.

O advogado de família seria um *expert* em separações, um *desquiteiro*?

Tal sinonímia, em sua função com evidências, traria um caos social e travestiria nosso *múnus* social. Somos, antes de tudo, conciliadores natos, absorvidos por uma ética de comportamento distinto das outras especializações. A conciliação é um resultado positivo de nossa atuação profissional – verdadeira vitória.

Com tal modalidade de trabalho, visando condições conciliatórias, contribuímos muito para acelerar soluções objetivas junto ao Poder Judiciário, reduzindo o volume dos ajuizamentos contenciosos. O advogado atinge o ápice de um aprimoramento técnico profissional quando consegue estabelecer um maior número de conciliações e acordos do que vitórias em contenciosos exaustivos e muitas vezes infindáveis.

EM SUMA, o advogado especializado na área de família difere-se de tantos outros, cuja labuta encara qualquer tipo de problema com reflexo no mundo jurídico, pois tem um tino natural, ouvido apurado e olhar atento aos problemas inerentes aos seres humanos, e, por isso, consegue melhor diagnosticá-los.

Não é exagero dizer que um caso bem solucionado dentro da área do Direito de Família deve-se sempre a uma boa análise subjetiva das partes, ao que, logicamente, soma-se a análise jurídica objetiva do caso concreto.

É a sensibilidade apurada para avaliar a problemática que enseja os dilemas matrimoniais e familiares que torna o advogado de família peça tão importante no quebra-cabeça do mundo jurídico. O advogado de família é o elo entre a burocracia do direito e as questões tão mutáveis e subjetivas da psique humana.

No entanto, de posse de tantas informações particulares e íntimas cedidas pelos clientes para a precisa resolução de suas demandas, o advogado familiar, em especial, deve atentar sempre para a ética. Somos depositários de todas as aflições e segredos de nossos clientes/pacientes, que nos revelam suas intimidades e, portanto, diante de nós ficam despidos de suas naturais e instintivas defesas de pudor.

A confiança que inspiramos ao cliente redunda na possibilidade de eles revelarem tais intimidades que não devem nem podem ser exploradas pelo advogado noutro sentido, a não ser o protetivo aos interesses únicos e subjetivos do cliente.

Este livro foi editado na cidade de São Sebastião do Rio de Janeiro
e publicado pela Edições de Janeiro. O texto foi composto
com as tipografias Adobe Caslon, Caslon 540 e Freight Sans e impresso
em papel Polén Soft 70g/m² nas oficinas da RR Donnelley.